Curriculum 2

Die Lernhilfe zum *Cursus*

Lektionen 21 – 36

Herausgegeben
von Prof. Dr. Friedrich Maier
und Dr. Stephan Brenner

Verfasst
von Werner Thiel und Andrea Wilhelm

Oldenbourg
C. C. Buchner
Lindauer

Redaktion: Jana de Blank
Illustration: Gisela Vogel, München
Umschlagkonzept: Mendell & Oberer, München
Umschlagfotos (von re. n. li.): British Museum, London; Scala, Florenz; Archiv für Kunst und Geschichte, Berlin; picture-alliance (akg-images, Pirozzi); Scala, Florenz
Technische Umsetzung: artesmedia GmbH, Glonn

www.oldenbourg.de/osv
www.ccbuchner.de

1. Auflage, 4. Druck 2013

Alle Drucke dieser Auflage sind inhaltlich unverändert
und können im Unterricht nebeneinander verwendet werden.

Druck: Offizin Andersen Nexö Leipzig

ISBN 978-3-637-00766-4 (Oldenbourg Schulbuchverlag)
978-3-7661-5348-7 (C.C. Buchners Verlag)
978-3-87488-766-3 (J. Lindauer Verlag)

Inhalt gedruckt auf säurefreiem Papier aus nachhaltiger Forstwirtschaft.

Lektion 21
Info 5
Training 6–8

Lektion 22
Info 9
Training 10–12

Lektion 23
Info 13
Training 14–16

Lektion 24
Info 17
Training 18–20

Übersetzen leicht gemacht – Kasus unterscheiden . . . 21

Übersetzen leicht gemacht – Aktiv und Passiv 22

Lektion 25
Info 23
Training 24–26

Lektion 26
Info 27
Training 28–30

Lektion 27
Info 31
Training 32–34

Lektion 28
Info 35
Training 36–38

Übersetzen leicht gemacht – Partizip-Konstruktionen übersetzen 39

Übersetzen leicht gemacht – Sätze übersetzen 40

Lektion 29
Info 41
Training 42–44

Lektion 30
Info 45
Training 46–48

Lektion 31
Info 49
Training 50–52

Lektion 32
Info 53
Training 54–56

Übersetzen leicht gemacht – AcI übersetzen 57

Übersetzen leicht gemacht – Satzgefüge übersetzen 58

Lektion 33
Info 59
Training 60–62

Lektion 34
Info 63
Training 64–66

Lektion 35
Info 67
Training 68–70

Lektion 36
Info 71
Training 72–74

Übersetzen leicht gemacht – Texte übersetzen 75–76

Lösungen 77–92

Fachbegriffe 93–94

Kompetenzübersicht 95–96

Liebe Schülerin, lieber Schüler,

Curriculum – die Lernhilfe zum Cursus ist dein **Trainingsheft für lateinische Grammatik und Übersetzung**. Es unterstützt dich dabei, Unterrichtsstoff, den du z. B. nicht gut verstanden oder versäumt hast, aufzuarbeiten, zu üben und durch Wiederholen zu sichern.

Curriculum 2 hat 16 Kapitel, die zu den Lektionen 21 bis 36 des Lateinwerks *Cursus* passen. Jedes Kapitel umfasst vier Seiten: eine Informationsseite und drei Trainingsseiten.

Auf der ersten Seite, der **Informationsseite**, erfährst du, welche Kompetenzen du in diesem Kapitel trainieren kannst:

- Bei V geht es um die Verben,
- bei N um die Nomen und
- bei S um Satzbau-Themen.

Nach dieser Übersicht folgt der Grammatikstoff der Lektion im Überblick. Er ist nach den genannten Kompetenzen gegliedert.

Auf den folgenden drei Seiten, den **Trainingsseiten**, findest du viele Übungen zum Grammatikstoff der jeweiligen Lektion. Auch diese Seiten sind nach den Kompetenzen gegliedert: In Übung V1 kannst du das trainieren, was unter V1 auf der Informationsseite dargestellt ist.

Am Anfang der ersten Trainingsseite steht immer ein kurzer **„Vokabel-Check"** (WS = Wortschatz). Hier trägst du die deutschen Bedeutungen der Wörter ein – als Vorbereitung für die folgenden Übungen. Wenn du bei einer Vokabelbedeutung nicht sicher bist, schlage sie nach.

Nach den Lektionen 24, 28, 32 und 36 findest du jeweils eine **Doppelseite zum Übersetzungstraining**. Hier bekommst du Tipps und lernst Strategien kennen, mit denen du lateinische Sätze und Texte besser übersetzen kannst.

Am Ende von *Curriculum* sind die **Lösungen** abgedruckt. Dort überprüfst du deine Ergebnisse oder holst dir Rat zum Weiterarbeiten. Die Ergebnisse des Vokabel-Checks kannst du auf den letzten Seiten der Lösungen überprüfen, dort sind alle Vokabeln alphabetisch aufgelistet.

Am Ende des Heftes findest du außerdem eine **Übersicht über die Begriffe der Grammatik** mit Erklärungen. Wenn du ausführlichere Erläuterungen zur Grammatik brauchst, dann sieh in deiner *Cursus*-Begleitgrammatik nach.

Curriculum orientiert sich zwar an der Grammatikabfolge des *Cursus*, kann aber auch ohne dieses Lateinbuch verwendet werden: Die **Übersicht über die Kompetenzen** auf S. 95/96 zeigt, was in welchem Kapitel trainiert wird. So kannst du auch gezielt einzelne Kapitel zum Üben auswählen.

Wir wünschen dir **viel Erfolg** mit *Curriculum*!

Verfasser, Herausgeber und Verlag

N1 Substantive der e-Deklination **erkennen**

N2 Substantive der e-Deklination **deklinieren**

N3 Substantive ihren Deklinationsklassen **zuordnen**

N4 Substantivformen **bestimmen**

N5 Genitiv und Ablativ der Beschaffenheit **übersetzen**

N1 Substantive mit dem Kennvokal -**e**- gehören zur **e-Deklination**.
An der Kombination Nom. Sg. und Gen. Sg. erkennt man diese Zugehörigkeit.

res, r**ei** f. – die Sache sp**es**, sp**ei** f. – die Hoffnung fid**es**, fid**ei** f. – das Vertrauen

N2

	e-Deklination	
	Sg.	Pl.
Nom.	res	res
Gen.	rei	rerum
Dat.	rei	rebus
Akk.	rem	res
Abl.	re	rebus

N3 Übersicht über die **Deklinationen**

Nom. Sg.	Gen. Sg.	→	Deklination	Beispiele
-us -(e)r -um	**-i**	→	o-Dekl.	asin**us**, asin**i** vi**r**, vir**i** sign**um**, sign**i**
-a	**-ae**	→	a-Dekl.	insul**a**, insul**ae**
verschieden	**-is**	→	Konsonantische Dekl.	consul, consul**is** pater, patr**is**
-es	**-ei**	→	e-Dekl.	**res, rei**

N4 Übersicht über die **Endungen der Substantive**

	o-Dekl.		a-Dekl.		Kons. Dekl.		e-Dekl.	
	m. (n.)				m., f. (n.)			
	Sg.	Pl.	Sg.	Pl.	Sg.	Pl.	Sg.	Pl.
Nom.	**-us (-um)**	**-i (-a)**	**-a**	**-ae**	verschieden	**-es (-a)**	**-es**	**-es**
Gen.	**-i**	**-orum**	**-ae**	**-arum**	**-is**	**-(i)um**	**-ei**	**-erum**
Dat.	**-o**	**-is**	**-ae**	**-is**	**-i**	**-ibus**	**-ei**	**-ebus**
Akk.	**-um**	**-os (-a)**	**-am**	**-as**	**-em** (wie Nom.)	**-es (-a)**	**-em**	**-es**
Abl.	**-o**	**-is**	**-a**	**-is**	**-e**	**-ibus**	**-e**	**-ebus**

N5 Durch den Genitiv und den Ablativ kann die Beschaffenheit (Eigenschaft, Qualität) einer Person oder Sache ausgedrückt sein (*Wie ist …?*).

Ulixes vir **summae prudentiae** fuit. — Odysseus war ein Mann von höchster Klugheit / ein sehr kluger Mann.

Menelaus vir **magna auctoritate** fuit. — Menelaus war ein Mann mit großem Einfluss / hatte großen Einfluss.

WS

vox		avus	
fraus		auctoritas	
sapientia		iter	
annus		spes	
vivere		tempus	

N1 Markiere die drei Substantive der e-Deklination farbig.

voluntas, voluntatis f. – res, rei f. – mors, mortis f. – hospes, hospitis m. – spes, spei f. – rex, regis m. – sedes, sedis f. – fides, fidei f. – pons, pontis m. – uxor, uxoris f.

N2 Dekliniere:

	Sg.	Pl.
Nom.	*res*	
Gen.		
Dat.		
Akk.		
Abl.		

	Sg.	Pl.
Nom.	*spes*	
Gen.		
Dat.		
Akk.		
Abl.		

N3 **a** Ordne die Substantive ihrer Deklination und bei der o-Deklination auch ihrem Genus zu. In allen Spalten gibt es fünf Substantive, außer in einer, da gibt es nur drei. Welche ist das?

Wenn du unsicher bist, schlage den Genitiv Singular oder das Genus nach.

o-Dekl.		a-Dekl.	Kons. Dekl.	e-Dekl.
m.	n.			

avus – caelum – cibus – cura – dea – eques – fabula – fides – filia – focus – fraus – imperium – labor – lacrima – numerus – oppidum – pretium – res – rex – saxum – sors – spes – vir

b Nenne zu der Substantivform Nom. und Gen. Sg. und kreuze an, zu welcher Deklination es gehört.

	Nom. Sg., Gen. Sg.	o-Dekl.	a-Dekl.	Kons. Dekl.	e-Dekl.
hostes	*hostis, hostis*			✗	
fraudum					
muris					
rem					
oppidum					
verba					
civibus					
fidei					
sapientiam					
litora					
spe					
vias					

N4 **a** Ordne die Bestimmungen zu. Eine bleibt übrig. Bilde diesen Kasus von **servus**.

temporum –	______	uxori –	______	Nom. Sg.
sortem –	______	corpora –	______	Gen. Sg.
voces –	______	navibus –	______	Dat. Sg.
oculis –	______	urbs –	______	Akk. Sg.
nocte –	______	______ –	______	Abl. Sg.
				Nom. Pl.
				Gen. Pl.
				Dat. Pl.
				Akk. Pl.
				Abl. Pl.

b Vervollständige die folgenden Sätze.

Wenn eine Substantivform auf **-es** endet, kann es sein: *Nom. Pl. m., f. der Kons. Dekl.,* ______

______

Wenn eine Substantivform auf -a endet, kann es sein: ______

______

c Fülle die Tabelle aus und kreise die richtige Bestimmung ein.

	Nom. Sg.	Gen. Sg.	Stamm	Dekl.	Kasus und Numerus						
genera	genus	generis	gener-	Kons.	(Nom)	Gen	Dat	(Akk)	Abl	Sg.	(Pl.)
honorem					Nom	Gen	Dat	Akk	Abl	Sg.	Pl.
equites					Nom	Gen	Dat	Akk	Abl	Sg.	Pl.
nuntiis					Nom	Gen	Dat	Akk	Abl	Sg.	Pl.
rebus					Nom	Gen	Dat	Akk	Abl	Sg.	Pl.
salute					Nom	Gen	Dat	Akk	Abl	Sg.	Pl.
spei					Nom	Gen	Dat	Akk	Abl	Sg.	Pl.
civitatum					Nom	Gen	Dat	Akk	Abl	Sg.	Pl.
itineri					Nom	Gen	Dat	Akk	Abl	Sg.	Pl.

N5

a Ordne den lateinischen Ausdrücken die Übersetzungen zu.
Bei richtiger Zuordnung ergeben die Buchstaben in Klammern von oben nach unten ein Lösungswort.

Das Lösungswort lautet: ____ ____ ____ ____ ____

1. vir summa vi corporis	ein zehnjähriges Mädchen (e)
2. homo magno animo	ein sehr kräftiger Mann (f)
3. femina summae prudentiae	ein höchst angesehener Bürger (s)
4. puella decem annorum	eine sehr weise Frau (d)
5. civis summae auctoritatis	ein hochherziger Mensch (i)

b Unterstreiche die Wörter im Genitiv und im Ablativ, die die Beschaffenheit der genannten Person oder Sache angeben, und übersetze anschließend die Sätze.

1. Frater vir magno animo est.

____

2. Filia consulis puella decem annorum est.

____

3. In villa avi multi servi magna vi corporis vivunt.

____

N1 Demonstrativ-Pronomen hic/haec/hoc **erkennen** und **übersetzen**
N2 verschiedene Pronomina voneinander **unterscheiden** und **zuordnen**
N3 Adverbien **erkennen**

N1

Das Demonstrativ-Pronomen **hic/haec/hoc** wird so dekliniert:

	Singular			Singular			Plural			Plural
	m.	f.	n.	m.	f.	n.	m.	f.	n.	m./f./n.
Nom.	hic	haec	hoc	dieser	diese	dieses	hi	hae	haec	diese
Gen.	huius	huius	huius	dieses	dieser	dieses	horum	harum	horum	dieser
Dat.	huic	huic	huic	diesem	dieser	diesem	his	his	his	diesen
Akk.	hunc	hanc	hoc	diesen	diese	dieses	hos	has	haec	diese
Abl.	hoc	hac	hoc	mit diesem	mit dieser	mit diesem	his	his	his	mit diesen

Die Formen von hic, haec, hoc können zusammen mit einem Substantiv stehen, mit dem sie kongruieren, oder sie stehen alleine und weisen auf etwas bereits Genanntes hin.

Haec urbs a Romulo condita est. — Diese Stadt wurde von Romulus gegründet.
Hic fratrem Remum interfecit. — Dieser tötete seinen Bruder Remus.

N2

Übersicht über die verschiedenen **Pronomina**

Personal-Pronomen	Possessiv-Pronomen	Reflexiv-Pronomen	Demonstrativ-Pronomen	Relativ-Pronomen
stellvertretend für eine Person	besitzanzeigend	rückbezüglich	hinweisend	Bezug auf ein Nomen im übergeordneten Satz
ego, tu, nos, vos is, ea, id	meus, tuus, suus eius, eorum	sibi, se	hic, haec, hoc is, ea, id	qui, quae, quod

N3

Ein **Adverb** gibt eine zusätzliche Information zu einem Verb.

Bsp.: Er läuft schnell. (***Wie*** *läuft er?*)
Ich besuche ihn bald. (***Wann*** *besuche ich ihn?*)

Es gibt
- Wörter, die nur als Adverbien auftreten, z. B.:
  saepe – oft   hodie – heute   hic – hier
- Adverbien, die von Adjektiven abgeleitet sind, z. B.:
  bene (bonus) – gut   breviter (brevis) – kurz

Adverbien, die **von Adjektiven abgeleitet** sind, haben eine eigene Endung:

von Adjektiven	Nom. Sg. m., f., n.	Stamm	Adverb
der a-/o-Deklination	rectus, recta, rectum miser, misera, miserum	rect- miser-	rect**e** miser**e**
der Kons. Deklination	gravis, gravis, grave clemens, clemens, clemens	grav- clement-	grav**iter** clement**er**

Puer **misere** clamat. – Der Junge schreit elend / **jämmerlich**.
In foro **libenter** ludimus. – Wir spielen **gerne** auf dem Forum.

WS

placere ______ civitas ______

orator ______ dicere ______

abducere ______ quando ______

dare ______ asper ______

reus ______ defendere ______

N1

a Sortiere die Formen von hic, haec, hoc in die Tabelle ein. Eine Form fehlt. Ergänze sie und markiere sie farbig.

	Singular			Plural		
	m.	f.	n.	m.	f.	n.
Nom.						
Gen.						
Dat.						
Akk.						
Abl.						

huius – hoc – has – hac – his – hoc – his – huius – hi – huic – haec – horum – hic – huic – his – harum – haec – huic – horum – haec – his – hoc – hanc – huius – his – hunc – hos – his – hoc

b Kombiniere die Formen des Demonstrativ-Pronomens mit den passenden Substantiven, bestimme den Kasus und übersetze.

hac – hos – huic – ~~hanc~~ – hi – huius – his – haec

hanc	epistulam	*Akk. Sg.*	*diesen Brief*
______	oratori	______	______
______	tempora	______	______
______	voce	______	______
______	provinciis	______	______

c Ordne die Formen von is, ea, id denen von hic, haec, hoc entsprechend zu: Beide sollen im gleichen Kasus, Numerus und Genus stehen.

huius – ______ hos – ______ hanc – ______

haec – ______ hic – ______ horum – ______

hunc – ______ hac – ______ huic – ______

eorum – ea – eius – eos – ea – ei – eum – is – eam

N 2

a Ordne die Namen der Pronomen entsprechend der Beschreibung richtig zu und schreibe die Beispiele für die einzelnen Pronomen aus dem Kasten dazu.

is, ea, id hat mehrere Funktionen. Trage seine Formen mehrfach ein.

Relativ | Reflexiv | Demonstrativ | Possessiv | Personal

		Beispiele
________-Pronomen	stellvertretend für eine Person	________
________-Pronomen	besitzanzeigend	________
________-Pronomen	rückbezüglich	________
________-Pronomen	bezugnehmend auf Nomen im übergeordneten Satz	________
________-Pronomen	hinweisend	________

quibus – meus – eos – nos – has – se – quam – eius – sibi – ego – hunc – eis – id – vestrae – tibi – secum – quod – vobis – quorum – suos – mecum – nostrum – huius

b Wähle für jedes Pronomen eine andere Farbe aus und unterstreiche sie im folgenden Text. Übersetze den Text.

1. In libro[1], quem pater mihi dederat, de rege Priamo et filiis eius legi. 2. Pater hunc librum[1] sibi valde placuisse dixit. 3. Rogavit: „Et tibi placuit liber[1] meus?“ 4. Respondi: „Valde placuit. 5. Libenter de Paride legi, qui Helenam amavit. 6. Urbem Troiam, in quam Paris eam secum abduxit, nondum vidi. 7. Quando mecum Troiam navigabis? 8. Eam urbem videre volo.“

[1] **liber, libri m:** das Buch

N3 a Markiere mit unterschiedlichen Farben die Adjektive der a-/o-Deklination und die der Konsonantischen Deklination.

totus – brevis – miser – acer – dignus – felicem – mortales – magnos – solam – difficilium – iucundum – omnibus – liberam – dextra – clementis – facile – durum – incolumes – asperis – laeto – mortuum

b Bilde aus den Silben im Kasten die lateinischen Adjektive.
Zwei Silben bleiben übrig. Welches Adjektiv ergibt sich daraus?

bre – ci – ci – cle – co – dif – fa – fi – gens – gra – in – in – lis – lis – lis – lis – lu – mens – mis – mor – ta – ti – u – vis – vis

mild – ______ leicht – ______

sterblich – ______ ernst – ______

ungeheuer – ______ schwierig – ______

nützlich – ______ unversehrt – ______

______ – ______

c Nenne die Adjektive im Nom. Sg. m., von denen diese Adverbien stammen.

aeque – ______ breviter – ______

feliciter – ______ publice – ______

libenter – ______ vere – ______

stulte – ______ acriter – ______

d Unterstreiche die Adjektive einfach, die Adverbien doppelt. Zeichne dann von den Adjektiven einen Pfeil zu ihrem Bezugswort, von den Adverbien einen Pfeil zum Verb, das sie näher erklären.

Dominus noster asper non est, domina autem saepe acriter nobiscum agit.

1. Multi servi vitam miseram agebant, multi non feliciter vivebant.

2. Orator bene dixit, verbis pulchris et veris reum defendit.

e Übersetze alle Sätze aus der Übung **N3** d.

______

______

______

______

V1 Perfekt-Passiv-Formen **erkennen**
V2 Partizip Perfekt Passiv **erkennen**
V3 Perfekt-Passiv-Formen **bilden** und **übersetzen**
V4 Infinitiv Perfekt Passiv **erkennen**
V5 Infinitivformen **unterscheiden**
N1 den Unterschied zwischen Genitivus subiectivus und obiectivus **erkennen**

V1 Das **Perfekt Passiv** besteht aus zwei Wörtern:

Partizip Perfekt Passiv (PPP)	+	Präsensform von esse	
rogati		sumus	wir sind gefragt worden

V2 Das **Partizip Perfekt Passiv** (PPP) der Verben lernt man bei den Stammformen mit:

Infinitiv Präsens	1. Sg. Präsens	1. Sg. Perfekt	PPP
cogere – zwingen	cogo – ich zwinge	coegi – ich habe gezwungen	**coactum – gezwungen**

V3 Das Partizip kongruiert wie ein Adjektiv der a-/o-Deklination mit seinem Bezugswort.

Troi**a** capt**a** **est**,	Troja ist erobert worden,
mult**i** milit**es** interfect**i** **sunt**.	viele Soldaten sind getötet worden.

	PERFEKT PASSIV						
	a-Konj.	e-Konj.	i-Konj.	Kurz-i-Konj.	Kons. Konj.		
Infinitiv	rogare	videre	audire	capere	cogere		
PPP	rogatum	visum	auditum	captum	coactum		
1. Sg.	rogatus	visus	auditus	captus	coactus	-a/-um	sum
2. Sg.	rogatus	visus	auditus	captus	coactus	-a/-um	es
3. Sg.	rogatus	visus	auditus	captus	coactus	-a/-um	est
1. Pl.	rogati	visi	auditi	capti	coacti	-ae/-a	sumus
2. Pl.	rogati	visi	auditi	capti	coacti	-ae/-a	estis
3. Pl.	rogati	visi	auditi	capti	coacti	-ae/-a	sunt

V4 Der **Infinitiv Perfekt Passiv** wird mit dem Partizip Perfekt Passiv (PPP) und dem Infinitiv von esse gebildet:
captum esse – erobert worden sein
In einem AcI kongruiert der Infinitiv Perfekt Passiv mit dem Subjektsakkusativ:
Urb**em** capt**am** **esse** scimus. Wir wissen, dass die Stadt erobert worden ist.

V5 Übersicht über die Infinitive eines Verbs

	Aktiv	Passiv	Zeitverhältnis
Präsens	amare	–	gleichzeitig
Perfekt	amavisse	amatum esse	vorzeitig

N1 Der Genitiv kann angeben, dass jemand als „Subjekt" oder „Objekt" anzusehen ist.

imperium Romanorum	die Herrschaft der Römer *(Wer herrscht? – die Römer)*	Genitivus subiectivus
victor hostium	der Sieger über die Feinde *(Wen hat er besiegt? – die Feinde)*	Genitivus obiectivus

WS

tradere ______________________ libertas ______________________

respicere ______________________ cogere ______________________

sententia ______________________ ponere ______________________

mittere ______________________ iudicium ______________________

cupiditas ______________________ exstruere ______________________

V1

a Hier findest du sieben Perfekt-Passiv-Formen. Unterstreiche sie.
Eine Person kommt zwei Mal vor. Welche?

____

timebo – miserunt – scriptum est – negabunt – prohibiti sunt – relicta sum – trahunt – visae estis – parebitis – fuerat – interrogata es – habebo – oppressi sumus – invitatus sum – scribunt

b Unterscheide: Adjektiv mit **esse** oder Perfekt Passiv? Unterstreiche die fünf Perfekt-Passiv-Formen.

traditum est – difficile est – pii sunt – capti sunt – liberata sum – stulti estis – longum est – mortales sumus – missae sumus – servatus es

V2

Ergänze bei den Verben das Partizip und übersetze es.

Infinitiv	Partizip Perfekt Passiv (PPP)	Partizip im Deutschen
decipere	*deceptum*	*getäuscht*
facere		
constituere		
cogere		
tradere		
capere		
exstruere		
sentire		
audire		
mittere		

V3 **a** Konjugiere die Verben lateinisch und deutsch im Perfekt Passiv.

audire	hören		mittere	schicken
auditus/a sum	ich bin gehört worden	1. Sg.		
		2. Sg.		
		3. Sg.		
		1. Pl.	missi/ae sumus	wir sind geschickt worden
		2. Pl.		
		3. Pl.		

b Bilde die angegebene Form im Perfekt Passiv und übersetze sie ins Deutsche.

capere	3. Sg.	captus/a/um est	er/sie/es ist gefangen worden
tradere	3. Pl.	______	______
docere	1. Sg.	______	______
cogere	2. Pl.	______	______
exstruere	3. Pl.	______	______
respicere	2. Sg.	______	______

c Trage die richtige Endung des PPP ein und ergänze die Übersetzung.

1. Fabula a poetis narrat____ est. — Die Geschichte ist von den Dichtern ______ worden.

2. Dei ab hominibus cult____ sunt. — Die Götter sind von den Menschen ______ worden.

3. Epistulae ab amica script____ sunt. — Die Briefe sind von der Freundin ______ worden.

4. Hostes ab imperatore capt____ sunt. — Die Feinde sind vom Feldherrn ______ worden.

5. Puer: „A fratre servat____ sum.“ — Der Junge sagt: „Ich bin von meinem Bruder ______ worden“.

6. Urbs ab hostibus oppress____ est. — Die Stadt ist von den Feinden ______ worden

V4 Streiche alle Formen weg, die kein Infinitiv Perfekt Passiv sind.

servos esse – interrogatam esse – invitatos esse – amavisse – capta esse – responsum esse – a foro abesse – respondisse – servatas esse – utiles esse

V5 Bilde die Perfekt-Infinitive der Verben lateinisch und deutsch.

Infinitiv Präsens	Infinitiv Perfekt Aktiv	Infinitiv Perfekt Passiv	
sentire	*sensisse*	*sensum esse*	
	gefühlt haben	*gefühlt worden sein*	
narrare	______	______	(lat.)
	______	______	(dt.)
mittere	______	______	(lat.)
	______	______	(dt.)
ponere	______	______	(lat.)
	______	______	(dt.)
audire	______	______	(lat.)
	______	______	(dt.)

N1 Unterstreiche in folgenden Sätzen das Wort im Genitiv und das Wort, zu dem der Genitiv gehört. Übersetze die Sätze und entscheide, ob es sich um Genitivus subiectivus oder Genitivus obiectivus handelt.

Formuliere eine Frage (Wer...? – Wen?/Was...?) mit den beiden unterstrichenen Wörtern.

1. In periculo fui; itaque auxilium amicorum exspectavi. ______

______ (Gs / Go)

2. Servi cupiditate libertatis ardent. ______

______ (Gs / Go)

3. Consul sententias senatorum audivit. ______

______ (Gs / Go)

4. Romani deos deasque imperatores hominum putant. ______

______ (Gs / Go)

5. Populus iudicio regis deceptus est. ______

______ (Gs / Go)

V1 Plusquamperfekt- und Futur-II-Passiv-Formen **erkennen**
V2 Plusquamperfekt- und Futur-II-Passiv-Formen **bilden** und **übersetzen**
V3 Perfekt, Plusquamperfekt, Futur II Aktiv und Passiv **unterscheiden**
S1 den Relativischen Satzanschluss **erkennen** und **übersetzen**

V1

Das **Plusquamperfekt Passiv** besteht aus zwei Wörtern:

Partizip Perfekt Passiv (PPP)	+	Imperfektform von esse	
rogati		eramus	wir waren gefragt worden

Das **Futur II Passiv** besteht aus zwei Wörtern:

Partizip Perfekt Passiv (PPP)	+	Futurform von esse	
rogati		erimus	wir werden gefragt worden sein

V2

	PLUSQUAMPERFEKT PASSIV		FUTUR II PASSIV	
Infinitiv	rogare		rogare	
1. Sg.	rogatus/a eram	ich war gefragt worden	rogatus/a ero	ich werde gefragt worden sein
2. Sg.	rogatus/a eras	du warst gefragt worden	rogatus/a eris	du wirst gefragt worden sein
3. Sg.	rogatus/a/um erat	er/sie/es war gefragt worden	rogatus/a/um erit	er/sie/es wird gefragt worden sein
1. Pl.	rogati/ae eramus	wir waren gefragt worden	rogati/ae erimus	wir werden gefragt worden sein
2. Pl.	rogati/ae eratis	ihr wart gefragt worden	rogati/ae eritis	ihr werdet gefragt worden sein
3. Pl.	rogati/ae/a erant	sie waren gefragt worden	rogati/ae/a erunt	sie werden gefragt worden sein

V3

Übersicht über die Zeitenbildung beim Perfekt, Plusquamperfekt, Futur II

Tempus	Aktiv			Passiv	
Perfekt	**Perfekt-stamm +**		i, isti, it, imus, istis, erunt	**PPP +**	sum, es, est, sumus, estis, sunt
	Bsp.: vocav-it – er hat gerufen			*Bsp.: vocatus est – er ist gerufen worden*	
Plusquamperfekt	**Perfekt-stamm +**	**era**	m, s, t, mus, tis ,nt	**PPP +**	eram, eras, erat, eramus, eratis, erant
	Bsp.: vocav-era-t – er hatte gerufen			*Bsp.: vocatus erat – er war gerufen worden*	
Futur II	**Perfekt-stamm +**	**eri**	o, s, t, mus, tis, nt	**PPP +**	ero, eris, erit, erimus, eritis, erunt
	Bsp.: vocav-eri-t – er wird gerufen haben			*Bsp.: vocatus erit – er wird gerufen worden sein*	

S1

Das Relativ-Pronomen kann auch einen Hauptsatz einleiten. Es steht dann für eine Person oder eine Sache, die im Satz davor genannt wurde, und wird mit einem Demonstrativ-Pronomen übersetzt.

Relativsatz	**Relativischer Satzanschluss**
Urbs, quae a Romulo condita erat, cito crevit. ***Die Stadt, die*** *von Romulus gegründet worden war, wuchs schnell.*	Urbs a Romulo condita erat. **Cui** nomen „Roma" data est. *Von Romulus war eine Stadt gegründet worden.* ***Dieser*** *wurde der Name „Rom" gegeben.*

WS

relinquere	______	dea	______
interrogare	______	mors	______
interficere	______	valde	______
servare	______	fugere	______
incendere	______	si	______

V1

a Hier findest du jeweils drei Passivformen im Perfekt, Plusquamperfekt und Futur II. Unterstreiche sie mit verschiedenen Farben.

interrogatae eramus – scriptum est – prohibiti eritis – relicta eras – visae estis – oppressi sumus – commotus ero – conditum erit – interfecti erant

b Schreibe hinter die Verbformen den Infinitiv des Verbs und dessen deutsche Bedeutung.

Verbform	kommt vom Infinitiv	deutsche Bedeutung
vocata sum	*vocare*	*rufen*
commoti erunt		
coacta es		
tradita erant		
capti estis		
inventum erit		
servatus eram		

V2

a Konjugiere das Verb lateinisch und deutsch im Plusquamperfekt und Futur II Passiv.

	capere – fangen			
	Plusquamperfekt		Futur II	
1. Sg.	*captus/a eram*	*ich war gefangen worden*	*captus/a ero*	*ich werde gefangen worden sein*
2. Sg.				
3. Sg.				
1. Pl.				
2. Pl.				
3. Pl.				

b Bilde die entsprechende Form im Passiv und übersetze sie ins Deutsche.

capere	3. Sg. Plqupf.	*captus/a/um erat*	*er/sie/es war gefangen worden*
tradere	3. Pl. Fut. II		
audire	1. Sg. Plqupf.		
cogere	2. Pl. Fut. II		
exstruere	3. Pl. Plqupf.		

V3 **a** Bilde von den Verben *sehen, hören* und *retten* die angegebenen Zeiten im Deutschen in der 3. Pl.

Zeiten	Aktiv	Passiv
Perfekt	*sie haben gesehen*	
Plusquamperfekt		
		sie waren gehört worden
Futur II		
	sie werden gehört haben	
		sie werden gerettet worden sein

b Bilde die entsprechenden lateinischen Formen. Verwende die Bausteine aus den Kästchen.

sie hatte gefürchtet ______

es war erfunden worden ______

ich werde erzählt haben ______

ihr seid gefragt worden ______

du warst gerettet worden ______

du hast geschrieben ______

wir sind befreit worden ______

sie hatten gefordert ______

für Aktiv:	für Passiv:
narrav- poposc- scrips- timu-	interrogati inventum liberati servatus
-erant -erat -ero -isti	eras erat estis sumus

c Aktiv oder Passiv? Streiche die nicht passende Verbform weg. Übersetze die Sätze.

Ermittle das Subjekt. Oft wird in einem Passiv-Satz die handelnde Person durch **a/ab** + Ablativ angegeben.

1. Remus a Romulo interfectus erat / interfecerat.

2. Romani multos deos deasque culti sunt / coluerunt.

3. Aeneas Didonem relictus erat / reliquerat.

4. „Piratae nos in Asiam abducti sunt / abduxerunt."

5. „Si a vobis invitatae erimus / invitaverimus, veniemus."

S1 Kreise in folgenden Sätzen das Relativ-Pronomen ein, wenn es einen Relativsatz einleitet, und unterstreiche es, wenn es ein Relativischer Satzanschluss ist. Übersetze die Sätze.

Achte auf Groß- und Kleinschreibung des Pronomens und auf Kommas.

1. Romulus et Remus, qui ad ripam Tiberis expositi erant, a Marte deo servati sunt. Qui lupam[1], a qua fratres inventi sunt, miserat.

2. Quintus epistulam Flaviae, quam valde amat, legit. Qua in epistula se eum libenter convenire scribit.

3. Ex urbe Troia, quae a Graecis incensa erat, Aeneas fugit. Cuius pater erat Anchises, quem secum abduxit et a morte servavit.

[1] lupa, -ae f. – die Wölfin

Ü 1 Kasus im Satz unterscheiden

Du kennst jetzt vier der fünf Deklinationen. Mehrere Substantivendungen sind mehrdeutig. Wenn die Formen im Satz auftreten, können sie mit einer Strategie sicher bestimmt werden.

1. Überlege (schlage nach), wie der **Nominativ Singular** des Substantivs heißt.
2. Überlege, wie der **Genitiv Singular** des Substantivs heißt.
3. Aus dieser Kombination kannst du schließen, zu welcher **Deklination** das Substantiv gehört.
4. Sag dein Beispielwort dieser Deklination auf, bis du auf diese **Endung**(en) stößt.
5. Wenn es für die Endung mehr als einen möglichen Kasus gibt, dann kläre die **Funktion** des Substantivs **im Satz** (*Subjekt? Objekt? Mit Präposition?* usw.)

Bsp.: Kläre den Kasus der unterstrichenen Substantivformen.

Sacerdos <u>filiis</u> <u>mulieris</u> occurrit.

1. *Nom. Sg. ?* filius mulier
2. *Gen. Sg. ?* filii mulieris
3. *Dekl. ?* o-Dekl. Kons. Dekl.
4. Beispielwort deklinieren:

Nom.	equus	equi	consul	consules
Gen.	equi	equorum	consul**is**	consulum
Dat.	equo	equi**s**	consuli	consulibus
Akk.	equum	equos	consulem	consules
Abl.	equo	equi**s**	consule	consulibus

→ mulieris : Gen. Sg. → Attribut: WESSEN ...?

5. filiis: *Dat. oder Abl. Pl.?*
→ Prädikat: occurrit – er/sie/es läuft/lief entgegen
→ Subjekt: sacerdos – der Priester läuft/lief entgegen
→ WEM? → filiis → Dat.Pl, Dativ-Objekt

→ Der Priester läuft/lief den Söhnen der Frau entgegen.

Kläre mithilfe der Schritte 1. – 5. den Kasus der unterstrichenen Substantivformen.
Schreibe die Schritte auf ein eigenes Blatt und notiere das Ergebnis und die Übersetzung der Sätze hier.

1. <u>Patrono</u> causae <u>virgo</u> epistulam misit.

Bestimmung: patrono: ______________________ virgo: ______________________

Übersetzung: ____

2. <u>Ventos</u> secundos <u>sacerdos</u> a deis petivit.

Bestimmung: ventos ______________________ sacerdos: ______________________

Übersetzung: ____

3. Subito <u>socius</u> <u>litus</u> reliquit et urbem petivit.

Bestimmung: socius: ______________________ litus: ______________________

Übersetzung: ____

Ü2 Bei Sätzen mit einem Prädikat im Passiv musst du gut auf die Wiedergabe des Passivs in der Übersetzung achten. Wiederhole die **S**atz-**Ü**bersetzungs-**S**trategie (**SÜS**):

1. Suche das **Prädikat** und übersetze es.
2. Suche das **Subjekt**: Ist es genannt (immer im Nominativ) oder im Prädikat enthalten (Person-Zeichen)? Übersetze es.
3. Überlege: Welche weiteren **Ergänzungen** ergeben sich vom Satzkern aus?
4. Bestimme die restlichen Wörter und kläre ihre Funktion.

Romulu**s**[2] rex[2] a popul**o** su**o**[3] valde[4] amat**us** est[1].

1. amatus est
→ er ist geliebt worden …

2. WER *ist geliebt worden?*
Romulus rex
→ … König Romulus ist geliebt worden

3. VON WEM *ist R. geliebt worden?*
a populo suo
→ … König Romulus ist von seinem Volk geliebt worden

4. **restliche Wörter**: valde → Adverb; Art und Weise
WIE *ist R. … geliebt worden?* → sehr

→ [2]König Romulus [1]ist [3]von seinem Volk [4]sehr [1]geliebt worden.

Verfahre nach der SÜS. Gib den Wörtern des Satzes die entsprechende Nummer, notiere die Schritte 1. – 4. und schreibe das Ergebnis, die Übersetzung auf.

1. Post mortem Romuli regnum novo regi traditum est.

1. Prädikat: ____________________ 2. Subjekt: ____________________

3. Ergänzungen: ____

4. restliche Wörter: ____

→ Übersetzung: ____

____

____

Übertrage die folgenden Sätze auf ein Extra-Blatt und wende die SÜS an.

2. Ab eo rege templum Iani* dei aedificatum est.

3. Temporibus bellorum portae templi Iani* apertae sunt.

4. Ab imperatore Augusto portae tandem clausae sunt.

* **Ianus, -i:** römische Gottheit, hat zwei Gesichter, die in entgegengesetzte Richtungen blicken

V1 zwei Funktionen des Partizip Perfekt Passiv (PPP) **unterscheiden**

S1 das PPP als Attribut oder Adverbiale (Participium coniunctum: PC) **erkennen**

S2 das PPP als Attribut oder Adverbiale (PC) **übersetzen**

V1

Das **Partizip Perfekt Passiv** (PPP) hat zwei Funktionen:

- mit den Formen von **esse** bildet es Perfekt, Plusquamperfekt, Futur II Passiv.

  Bsp.: Urbs a Romulo **condita** est. – Die Stadt ist von Romulus **gegründet** worden.

- Wenn es ohne **esse** auftritt, dann steht es in Verbindung zu einem Nomen und gibt eine zusätzliche Information darüber.

  Bsp.: Urbs a Romulo **condita** ad Tiberim sita est. – Die von Romulus **gegründete** Stadt liegt am Tiber.

S1

Wenn das PPP ohne **esse** auftritt, bezieht es sich auf ein Nomen, sein Bezugswort. Mit diesem stimmt es in Kasus, Numerus und Genus überein (KNG-Kongruenz).

Das PPP

- gibt eine Information über dieses Nomen wie ein **Attribut** (Frage: *Was für ein...?*)

oder

- es macht wie ein **Adverbiale** Angaben über Zeit, Art und Weise oder Grund. In dieser Funktion wird es **Participium coniunctum** (**PC** – „verbundenes Partizip") genannt.

S2

Übersetzungsmöglichkeiten:

Bsp.: Urbs [a Romulo **condita**] ad Tiberim sita est. *Was für eine Stadt? → ATTRIBUT*

1. mit einem **Partizip**	*(„wörtliche" Übersetzung)*	1. Die von Romulus **gegründete** Stadt liegt am Tiber.
2. mit einem **Relativsatz**	*der, die, das / welcher, welche, welches*	2. Die Stadt, **die** von Romulus **gegründet worden ist**, liegt am Tiber.

Bsp.: Romulus [a fratre **irrisus**] arma cepit. *Warum griff Romulus ...? → ADVERBIALE*

3. mit einem eigenen **Hauptsatz**	*(ergänze: und dann, und daher, und deshalb)*	3. Romulus **war** von seinem Bruder **verspottet worden und** griff **deshalb** zu den Waffen.
4. mit einem **Gliedsatz**	*temporal (als, nachdem), kausal (weil), konzessiv (obwohl), modal (indem, wie)*	4. **Weil** Romulus von seinem Bruder **verspottet worden war**, griff er zu den Waffen.
5. mit einer **präpositionalen Verbindung**	*Präposition + Substantiv*	5. **Wegen des Spotts** seines Bruders griff Romulus zu den Waffen.

Bei 1. + 2. ist das Partizip wie ein Attribut (attributiv gebrauchtes Partizip),
bei 3. – 5. wie ein Adverbiale (adverbial gebrauchtes Partizip oder **Participium coniunctum** – PC) verwendet.

WS

frater ______ petere ______
redire ______ exstruere ______
capere ______ ripa ______
iratus ______ decipere ______
primo ______ fides ______

V1

a In den folgenden Sätzen bildet das Partizip Perfekt Passiv zusammen mit einer Form von esse das Prädikat. Unterstreiche die ganze Verbform und übersetze.

Dido ab Aenea relicta est. → Dido ist von Aeneas verlassen worden.

1. Helena a Troianis abducta est. ______

2. Multa templa pulchra ab imperatore Augusto exstructa sunt. ______

3. Bellum a mulieribus Sabinorum finitum erat. ______

4. Serva: „Ubi e servitute liberata ero, in Galliam redibo." ______

b In den folgenden Sätzen steht das Partizip Perfekt Passiv ohne eine Form von esse.
- Unterstreiche das PPP und zeichne einen Pfeil zu seinem Bezugswort.
- Setze die Klammer hinter das Partizip und hinter das Bezugswort.
- Übersetze die Sätze mit deutschem Partizip, markiere im Deutschen PPP und Bezugswort farbig.

Aeneas in urbe [a Didone aedificata] vixit. → Aeneas lebte in der von Dido erbauten Stadt.

1. Servus e servitute liberatus in Germaniam rediit. ______

2. Multi homines epistulas a philosopho scriptas legunt. ______

3. Templa ab Augusto exstructa omnibus placuerunt. ______

4. Fratrem ab inimicis petitum servavi. ______

S1 **a** Übersetze die Sätze aus der vorigen Aufgabe mit einem Relativsatz.

Aeneas in urbe [a Didone aedificata] vixit. → Aeneas lebte in der Stadt, die von Dido erbaut worden war.

1. ____________________

2. ____________________

3. ____________________

4. ____________________

b Unterstreiche das PPP und zeichne einen Pfeil zu seinem Bezugswort.
Setze die Klammer hinter das Partizip und hinter das Bezugswort.
Übersetze die Sätze mit beiden Möglichkeiten: mit Partizip und mit Relativsatz.

1. In nave a piratis capta etiam Flavia fuit. ____________________

2. Dei pueros ad ripam Tiberis expositos servaverunt. (*Tiber, -is: der Tiber*) ____________________

3. Fidem tibi datam semper servabo. ____________________

S2 **a** Das PPP gibt in diesen Sätzen eine Information über eine Sinnrichtung: Zeit, Art und Weise oder Grund. Unterstreiche das PPP und kreuze die Sinnrichtung an.

	Zeit (*als, nachdem*)	beachteter Grund (*weil, da*)	nicht beachteter Grund (*obwohl*)
1. Servus e servitute liberatus tandem in patriam rediit.			
2. Mulieres a Romanis raptae tamen Romae manserunt.			
3. Sabini a Romulo decepti valde irati erant.			
4. Aeneas a Didone amatus in Italiam navigavit.			
5. Flavia a piratis abducta primo in Asiam, tum in Galliam venit.			

b Setze in den Sätzen aus S2 a die Klammer um das Partizip und um alle Wörter, die dazugehören. Übersetze die Sätze und wende dabei alle drei Übersetzungsmöglichkeiten an: Hauptsatz, Gliedsatz, präpositionale Verbindung.

Equus [ab equite incitatus] celeriter cucurrit.

Das Pferd war vom Reiter angetrieben worden und lief (daraufhin) schnell.
Als das Pferd vom Reiter angetrieben worden war, lief es schnell.
Nach dem Antreiben durch den Reiter lief das Pferd schnell.

1. Servus e servitute liberatus tandem in patriam rediit.
2. Mulieres a Romanis raptae tamen Romae manserunt.
3. Sabini a Romulo decepti valde irati erant.
4. Aeneas a Didone amatus in Italiam navigavit.
5. Flavia a piratis abducta primo in Asiam, tum in Galliam venit.

1. ______________________________

____

____

____

2. ______________________________

____

____

____

3. ______________________________

____

____

4. ______________________________

____

____

5. ______________________________

____

____

V1 Präsens-, Imperfekt-, Futur-I-Passiv-Formen **erkennen**

V2 Präsens-, Imperfekt-, Futur-I-Passiv-Formen **bilden** und **übersetzen**

V3 alle Tempora im Indikativ Aktiv und Passiv **unterscheiden**

V4 Infinitiv Präsens Passiv **erkennen** und **übersetzen**

V5 Infinitive **unterscheiden**, **bilden** und **übersetzen**

S1 den doppelten Akkusativ bei bestimmten Verben **übersetzen**

V1 Für das **Passiv** im Präsens, Imperfekt und Futur I gibt es eigene Person-Zeichen:

1. Pers. Sg.	2. Pers. Sg.	3. Pers. Sg.	1. Pers. Pl.	2. Pers. Pl.	3. Pers. Pl.
-(o)r	-ris	-tur	-mur	-mini	-ntur

V2 Präsens, Imperfekt und Futur I werden im Passiv genau so gebildet wie im Aktiv:

roga-tur	er/sie/es wird gefragt	audi-e-mini	ihr werdet gehört werden
ama-ba-ris	du wurdest geliebt	mone-or	ich werde ermahnt

V3

Tempus			Aktiv	Passiv		
Präsens	Präsens-stamm +		o, s, t, mus, tis, nt	-(o)r, -ris, -tur, -mur, -mini, -ntur		
			voca-t – er ruft	*voca-tur – er wird gerufen*		
Imperfekt	Präsens-stamm +	ba/ eba	m, s, t, mus, tis, nt	-r, -ris, -tur, -mur, -mini, -ntur		
			voca-ba-t – er rief	*voca-ba-tur – er wurde gerufen*		
Futur I	Präsens-stamm +	a/e *bzw.* b/bi/bu	o/m, s, t, mus, tis, nt	-(o)r, -ris, -tur, -mur, -mini, -ntur		
			voca-bi-t – er wird rufen	*voca-bi-tur – er wird gerufen werden*		
Perfekt	Perfekt-stamm +		i, isti, it, imus, istis, erunt	PPP	und	sum, es, est, sumus, estis, sunt
			vocav-it – er hat gerufen	*vocatus est – er ist gerufen worden*		
Plusquam-perfekt	Perfekt-stamm +	era	m, s, t, mus, tis, nt	PPP	und	eram, eras, erat, eramus, eratis, erant
			vocav-era-t – er hatte gerufen	*vocatus erat – er war gerufen worden*		
Futur II	Perfekt-stamm +	eri	m, s, t, mus, tis, nt	PPP	und	ero, eris, erit, erimus, eritis, erunt
			vocav-eri-t – er wird gerufen haben	*vocatus erit – er wird gerufen worden sein*		

V4 **Infinitiv Präsens Passiv** a-, e-, i-Konjugation — Kons. Konjugation

Präsensstamm +**ri**, z. B.: **ama-ri** – geliebt werden — +**i**, z. B.: **mitt-i** – geschickt werden

V5

Infinitive	Aktiv	Passiv	Zeitverhältnis
Präsens	ama-re	ama-ri / mitt-i	gleichzeitig
Perfekt	amav-isse	amatum esse	vorzeitig

S1 Beim Übersetzen von Verben mit doppeltem Akkusativ wird „als", „für" oder „zu(m)" ergänzt.

Bsp.: *1.Akk.* *2.Akk.*

Titus Marcum bonum amicum putat. – Titus hält Marcus für einen guten Freund.

WS

timere ______________ amare ______________

mutare ______________ invenire ______________

scribere ______________ monere ______________

rogare ______________ idoneus ______________

trahere ______________ custodire ______________

V1

a Sortiere die Person-Zeichen richtig ein.

-tur -ris -mini -mur -ntur -(o)r

1. Sg.	2. Sg.	3. Sg.	1. Pl.	2. Pl.	3. Pl.

b Verwechslungsgefahr! Suche in jeder Zeile die Verbform im Präsens Passiv und ergänze die Übersetzung.

labor – uxor – vocor – arbor ich werde ______________

nemini – numini – homini – custodimini ihr werdet ______________

amoris – inveniris – timoris – iuris du wirst ______________

c Entscheide richtig.
Unterstreiche bei jedem Paar die Verbform und schreibe den Infinitiv darunter.

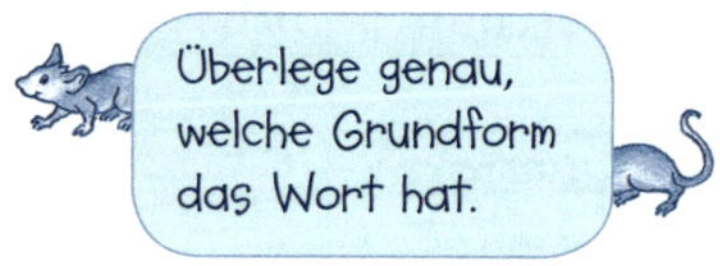

timoris – timeris iudicaris – iudicis amoris – amaris

______________ ______________ ______________

d Im Kasten sind neun Verbformen im Passiv versteckt.
Suche sie heraus und kreise sie ein.

Die Anfangsbuchstaben der Passiv-Formen nacheinander ergeben ein „geflügeltes Wort“:

___ ___ ___ ___ ___ ___ ___ ___ ___!

videmur – abducebantur – liberabant – consentit – interficiebas – doces – exponebaris – regis – vocabitur –invitaris – colimini – monent – relinquebam – reddetis –terreberis – interrogor – muto – scribuntur – cupis

V2 **a** Ergänze bei den Verbformen das richtige Tempuszeichen und Person-Zeichen. (Eine Linie entspricht einem Buchstaben.)

1. ihr werdet verlassen — relinqui___ ___ ___ ___
2. sie wurden veranlasst — commove___ ___ ___ ___ ___ ___
3. ich werde erinnert werden — mone___ ___ ___
4. du wurdest gefunden — inveni___ ___ ___ ___ ___ ___
5. er/sie/es wird vertrieben werden — pell___ ___ ___ ___
6. wir werden gerettet — serva___ ___ ___

or | mini | tur | b | eba | e | ntur | ris | mur | ba

b Unterscheide Futur I Aktiv und Präsens Passiv. Streiche die falsche Übersetzung durch.

	Präsens Passiv	Futur Aktiv
1. videbo	ich werde gesehen	ich werde sehen
2. mutantur	sie werden verändert	sie werden ändern
3. scribet	er wird geschrieben	er wird schreiben
4. aedificatur	es wird gebaut	es wird bauen
5. irridemini	ihr werdet verspottet	ihr werdet verspotten
6. oppugnabimus	wir werden angegriffen	wir werden angreifen

Achte bei der lateinischen Form auf das Person-Zeichen.

V3 **a** Bilde von rogare (fragen) die Tempora im Lateinischen und Deutschen in der 3. Pers. Sg.

Tempus	Aktiv	Passiv
Präsens	*rogat*	*rogatur*
	er/sie fragt	*er/sie wird gefragt*
Imperfekt		
Futur I		
Perfekt		
Plusquam-perfekt		
Futur II		

V4 Suche die vier Infinitive Präsens Passiv aus den Formen heraus, trage sie in die Liste ein und ergänze die Übersetzung.

cupiditati – studii – doli – muniri – amari – timori trahi – reddidi – moneri

Lateinischer Infinitiv Präsens Passiv	Deutscher Infinitiv Präsens Passiv
	geliebt werden
	werden
	werden
	werden

V5 **a** Ergänze die Tabellen mit den restlichen Formen der Infinitive.

	Aktiv	Passiv
Präsens	*rogare*	
Perfekt		

	Aktiv	Passiv
Präsens		
Perfekt		*cultum esse*

	Aktiv	Passiv
Präsens		*moneri*
Perfekt		

	Aktiv	Passiv
Präsens		
Perfekt	*audivisse*	

b Übersetze die Sätze mündlich und kreuze das Zeitverhältnis an.

Audimus ….	GZ	VZ
1. … hospites non venisse.	☐	☐
2. … urbem expugnari non posse.	☐	☐
3. … epistulam a te scriptam esse.	☐	☐
4. … deos a multis hominibus cultos esse.	☐	☐
5. … urbem Romam a Gallis expugnari non potuisse.	☐	☐
6. … libertatem a servis posci.	☐	☐

S1 Vervollständige die Übersetzung, indem du passend aus dem Kästchen auswählst.

1. se humanum praebere — sich ______________________
2. te hominem bonum putare — dich ______________________
3. virum egregium regem facere — einen ausgezeichneten Mann ______________________
4. fabulam veram ducere — die Geschichte ______________________

für wahr halten – menschlich zeigen – zum König ernennen – für einen guten Menschen halten

N1 Substantive der u-Deklination **erkennen**
N2 Substantive der u-Deklination **deklinieren**
N3 Substantive ihren Deklinationen **zuordnen**
N4 Substantive aller Deklinationen **deklinieren** und **bestimmen**
N5 das Demonstrativ-Pronomen **ille, illa, illud** **erkennen** und **übersetzen**

N1

Substantive mit dem Kennvokal **-u-** gehören zur **u-Deklination**. An der Kombination Nom. Sg., Gen. Sg. erkennt man sie:

exercitus, exercitus m. – das Heer
metus, metus m. – die Furcht
impetus, impetus m. – der Angriff

N2

	u-Deklination	
	Sg.	Pl.
Nom.	exercitus	exercitus
Gen.	exercitus	exercituum
Dat.	exercitui	exercitibus
Akk.	exercitum	exercitus
Abl.	exercitu	exercitibus

N3

Übersicht über die **Zuordnung der Substantive zu den Deklinationen**

Nom. Sg.	Gen. Sg	→	Deklination	Beispiele	
-us / -(e)r -um	-i	→	o-Dekl.	asinus / vir signum	asini / viri signi
-a	-ae	→	a-Dekl.	insula	insulae
verschieden	-is	→	Konsonantische Dekl.	rex	regis
-es	-ei	→	e-Dekl.	res	rei
-us	-us	→	u-Dekl.	exercitus	exercitus

N4

Übersicht über die **Endungen der Substantive**:

	o-Dekl.		a-Dekl.		Kons. Dekl.		e-Dekl.		u-Dekl.	
	m. (n.)				m., f. (n.)					
	Sg.	Pl.	Sg.	Pl.	Sg.	Pl.	Sg.	Pl.	Sg.	Pl.
Nom.	-us (-um)	-i (-a)	-a	-ae	verschieden	-es (-a)	-es	-es	-us	-us
Gen.	-i	-orum	-ae	-arum	-is	-(i)um	-ei	-erum	-us	-uum
Dat.	-o	-is	-ae	-is	-i	-ibus	-ei	-ebus	-ui	-ibus
Akk.	-um	-os (-a)	-am	-as	-em	-es (-a)	-em	-es	-um	-us
Abl.	-o	-is	-a	-is	-e	-ibus	-e	-ebus	-u	-ibus

N5

Das Demonstrativ-Pronomen **ille, illa, illud** (jener, jene, jenes) wird so dekliniert:

	Singular			Plural			Singular			Plural
	m.	f.	n.	m.	f.	n.	m.	f.	n.	m./f./n.
Nom.	ille	illa	illud	illi	illae	illa	jener	jene	jenes	jene
Gen.	illius	illius	illius	illorum	illarum	illorum	jenes	jener	jenes	jener
Dat.	illi	illi	illi	illis	illis	illis	jenem	jener	jenem	jenen
Akk.	illum	illam	illud	illos	illas	illa	jenen	jene	jenes	jene
Abl.	(cum) illo	(cum) illa	(cum) illo	(cum) illis	(cum) illis	(cum) illis	(mit) jenem	(mit) jener	(mit) jenem	(mit) jenen

WS

os		civis	Bürger
res	Sache	studium	
salus		dies	Tag
exercitus	Heer	metus	Furcht
impetus	Angriff	dolor	Schmerz

N1 Jeweils eins der drei Substantive gehört zur u-Deklination. Unterstreiche es und schreibe seinen Nom., und Gen. Sg. auf die Linie.

~~principum~~ – ~~exemplorum~~ – exercituum exercitus, exercitūs

metui – ~~modo~~ – ~~muro~~ metus, metūs

~~salute~~ – impetu – ~~prudentia~~ impetus, impetūs

N2 Dekliniere diese Substantive der u-Deklination und bilde dann die verlangten Kasus.

	Sg.	Pl.
Nom.	*exercitus*	ūs
Gen.	ūs	uum
Dat.	ui	ibus
Akk.	um	ūs
Abl.	ū	ibus

	Sg.	Pl.
Nom.	*impetus*	ūs
Gen.	ūs	uum
Dat.	ui	ibus
Akk.	um	ūs
Abl.	ū	ibus

Abl. Sg. v. metus: metū

Gen. Pl. v. exercitus: exercituum

Abl. Pl. v. impetus: impetibus

Gen. Sg. v. metus: exercitūs

N3 **a** Sortiere die Substantive im Kasten ihrer Deklination zu. Wenn du unsicher bist, schlage den Gen. Sg. nach.

o-Dekl.		a-Dekl.	Kons. Dekl.	e-Dekl.	u-Dekl.
m.	n.				
locus	bellum	ira	ager	res	exercitus
modus ~~ager~~	fatum	hora		pes	impetus
~~dolor~~	votum	porta		spes	metus
	signum				socius

acies – ager – arx – bellum – dies – dolor – exercitus – fatum – impetus – ira – hora – locus – metus – modus – os – pes – porta – res – ripa – signum – socius – spes – votum

b Substantive auf **-us** können zu drei Deklinationen gehören. Durch den Genitiv kannst du das Substantiv zuordnen. Markiere die Endungen von Nom. und Gen. der Wörter im Kasten und trage die Substantive dann in die richtige Spalte ein.

o-Deklination	Kons. Deklination	u-Deklination
		impetus

impetus, impetus m. – numerus, numeri m. – munus, muneris n. – metus, metus m. – salus, salutis f. – murus, muri m. – exercitus, exercitus m. – inimicus, inimici m. – litus, litoris n.

c Nenne zu jeder Substantivform Nom. und Gen. Sg. und kreuze die Deklination an.

	Nom. Sg., Gen. Sg.	o-Dekl.	a-Dekl.	Kons. Dekl.	e-Dekl.	u-Dekl.
comites	*comes, comitis*			✗		
plebem						
oris						
equi						
rerum						
metum						
iniuriis						
doloris						
diebus						
exercituum						
loci						

N4 **a** Bestimme folgende Formen. In Klammern ist die Anzahl der Möglichkeiten angegeben.

fabula (2): *Nom./Abl. Sg.* vitae (3): ____ maria (2): ____

lucem: ____ victori: ____ ventorum: ____

diebus (2): ____ comites (2): ____ duce: ____

equos: ____ exercitus (4): ____ spes (3): ____

b Bilde die Kasus der angegebenen Substantive:

	Dat. Sg.	Abl. Pl.	Akk. Pl.	Abl. Sg.
civis				
dies				
impetus				
donum				

N5 **a** Sortiere die Formen von ille, illa, illud in die Tabelle ein. Eine Form fehlt. Ergänze sie.

illorum – illa – illis – illa – illo – illi – illud – illis – illae – illis – illa – illius – ille – illius – illum – illorum – illos – illi – illarum – illi – illis – illius – illam – illud – illis – illas – illa – illo – illis

	Singular			Plural		
	m.	f.	n.	m.	f.	n.
Nom.						
Gen.						
Dat.						
Akk.						
Abl.	cum	cum	cum	cum	cum	cum

b Kombiniere die Formen des Demonstrativ-Pronomens ille/illa/illud mit den passenden Substantiven und übersetze.

ille – illud – illis – il~~li~~us – illa – illo

illius populi – jenes Volkes ________ dies – ________

________ proelium – ________ ________ corpora – ________

________ principibus – ________ ________ labore – ________

c Ordne die Formen von hic, haec, hoc den entsprechenden Formen von ille, illa, illud zu.

horum – hac – huius – hic – hunc – hos – haec – huic – hanc

illius – ________ illos – ________ illam – ________

illa – ________ ille – ________ illorum – ________

illum – ________ illa – ________ illi – ________

V1 das Partizip Präsens Aktiv (PPA) **erkennen** und **bilden**
S1 das PPA als Attribut oder Adverbiale (PC) **erkennen** und **übersetzen**
N1 qui, quae, quod als adjektivisches Interrogativ-Pronomen **übersetzen**

V1

Außer dem	Partizip Perfekt Passiv	(PPP),	z. B. vocatum	–	gerufen,
gibt es auch das	**Partizip Präsens Aktiv**	**(PPA)**,	z. B. vocans	–	rufend.

Dieses PPA erkennt man an seinem typischen Merkmal **-ns, -nt-**

Das PPA wird so gebildet: **Präsensstamm** + (*Sprechvokal*) + **-ns**, Gen. Sg.: **-ntis**
Bsp.: voca-ns, voca-ntis / vide-ns, vide-ntis / audi-*e*-ns, audi-*e*-ntis / leg-*e*-ns, leg-*e*-ntis

	Singular			Plural		
	m.	f.	n.	m.	f.	n.
Nom.	voca**ns**			voca**ntes**		voca**ntia**
Gen.	voca**ntis**			voca**ntium**		
Dat.	voca**nti**			voca**ntibus**		
Akk.	voca**ntem**		voca**ns**	voca**ntes**		voca**ntia**
Abl.	voca**nte**			voca**ntibus**		

S1

Beim PPA gibt es die gleichen Übersetzungsmöglichkeiten wie beim PPP.
Man muss auf zwei Unterschiede achten:

PPA: gleichzeitig und aktiv
Remus muros **transiens** (PPA) fratrem <u>irrisit</u>.

Während Remus über die Mauer <u>sprang</u> (*aktiv, gleichzeitig*), verspottete er seinen Bruder.

PPP: vorzeitig und passiv
Romulus a fratre <u>**irrisus**</u> (PPP) arma cepit.

Weil Romulus vom Bruder <u>verspottet worden war</u> (*passiv, vorzeitig*), ergriff er die Waffen.

Imperator hostes [urbem **petentes**] pepulit.

1. mit **Partizip**	*(„wörtliche" Übersetzung)*	1. Der Feldherr vertrieb die die Stadt **angreifenden** Feinde.
2. mit **Relativsatz**	*der, die, das / welcher, welche, welches*	2. Der Feldherr vertrieb die Feinde, die die Stadt **angriffen**.

Romani [Hannibalem **timentes**] portas urbis muniverunt.

3. mit einem eigenen **Haupt-**	*(ergänze: und dann, und daher, und deshalb)*	3. Die Römer **fürchteten** Hannibal **und** sicherten **daher** die Stadttore.
4. mit **Gliedsatz**	*temporal (als, während), kausal (weil), konzessiv (obwohl), modal (indem, wie)*	4. **Weil/Als** die Römer Hannibal **fürchteten**, sicherten sie die Stadttore.
5. mit **präpositionaler Verbindung**	*Präposition + Substantiv*	5. **Aus Furcht** vor Hannibal sicherten die Römer die Stadttore.

Bei 1. + 2. ist das Partizip wie ein Attribut (attributives Partizip),
bei 3. – 5. wie ein Adverbiale (adverbiales Partizip oder Participium Coniunctum (PC)) verwendet.

N1

Das Pronomen qui, quae, quod wird auch als adjektivisches Interrogativ-Pronomen verwendet und dann mit „welcher, welche, welches" übersetzt:
Qui civis hoc dixit? **Welcher Bürger** hat das gesagt?

WS

capere	einnehmen	neglegere	nicht wissen
custodire	bewachen	oppugnare	angreifen
fugere	fliehen	pons	Brücke
mensis	Monat	diu	lange
uxor	(Ehe)frau	mutare	verwandeln

V1

a Fülle die Tabelle aus, indem du den entsprechenden Infinitiv, das PPA im Nom./Gen. Sg. und das deutsche Partizip I ergänzt.

PPA-Formen	Infinitiv	PPA im Nom./Gen. Sg.	deutsches Partizip I
petentes	*petere*	*petens, petentis*	*bittend, angreifend*
audienti	audire	audiens, tis	hörend
tenentem	tenere	tenens, tis	haltend
navigans	navigare	navigans, tis	segelnd
mittentes	mittere	mittens, tis	schickend
capientibus	capere	capiens, tis	einnehmend
orantium	orare	orans, tis	
ardentis	ardere	ardens, tis	brennend
neglegente	neglegere	neglegens, tis	nicht wissend
euntes	ire	iens, euntis	gehend

b Verwechslungsgefahr! Eins der beiden Wörter ist jeweils ein PPA.
Streiche das andere durch und schreibe über das PPA den Infinitiv des Verbs.

monere
~~mentem~~ – monentem

clamare
clamanti – ~~clementi~~

~~te~~ liberare
~~libens~~ – ~~liberans~~

gaudere
gaudentibus – ~~gentibus~~

intellegere
~~ingentes~~ – intellegentes

venire
venientis – ~~vehementis~~

Achte genau auf die Wortart.

c Dekliniere das PPA von clamare.

	Singular		Plural	
	m. / f.	n.	m. / f.	n.
Nom.	clamans		clamantes	clamantia
Gen.	clamantis		clamantium	
Dat.	clamanti		clamantibus	
Akk.	clamantem	clamans	clamantes	clamantia
Abl.	clamante		clamantibus	

d Bestimme die Substantivform und wähle die passende Partizip-Form aus.

senator Nom. Sg. ~~accurrentis~~ / accurrens / ~~accurrentibus~~

homines Nom. Pl. clamanti / clamantes / ~~clamantis~~

amicis Dat. Pl. ~~neglegentibus~~ / neglegentis / ~~neglegentes~~

puellas Akk. Pl. ~~ludentia~~ / ludentes / ~~ludens~~

bellum Nom. Pl. instantem / ~~instantium~~ / instans

exercitus Nom. Pl. delentes / ~~delentibus~~ / ~~delenti~~

pontem Akk. Sg. ~~ruens~~ / ruentem / ~~ruenti~~

hostium Gen. Pl. ~~appropinquanti~~ / appropinquantium / ~~appropinquantes~~

S1 **a** Unterstreiche in den folgenden Sätzen das PPA, zeichne einen Pfeil zu seinem Bezugswort, setze die Klammer um das Partizip und alle Wörter, die zu ihm gehören, und übersetze den Satz.

Hostes milites [muros oppidi custodientes] interfecerunt,

sed exercitus [hostium pontem petens] pulsus est.

1. mit Partizip: Die feindlichen Soldaten, die die Mauern

2. mit Relativsatz:

b Unterstreiche in den folgenden Sätzen das PPA, zeichne einen Pfeil zu seinem Bezugswort, setze die Klammer um das Partizip und alle Wörter, die zu ihm gehören, und übersetze die Sätze.

Imperator hostium oppidum diu oppugnans capere non potuit;
tum homines impetum simulantes ex urbe fugerunt.

1. mit einem eigenen Hauptsatz ______________________________

____

____

2. mit einem Gliedsatz ______________________________

____

____

3. mit einer präpositionalen Verbindung ______________________________

____

____

N1 Wähle aus den Kästchen das passende lateinische Interrogativ-Pronomen und die Antwort auf Deutsch aus und übersetze die Sätze.

Antwort:

1. ____________ nomen fratri Romuli erat? ____________

____

2. ____________ mensi nomen victoris Gallorum datum est? ____________

____

3. ____________ hominibus Romani in arena plauserunt? ____________

____

4. ____________ regis uxor Penelope erat? ____________

____

5. ____________ muliere Ulixes mutari non potuit? ____________

____

A qua – Cuius – Cui – Quod – Quibus

den Gladiatoren – Remus – Circe – Juli – Odysseus

Ü3 Partizip-Konstruktionen / PC erkennen und übersetzen

Strategie, eine Konstruktion mit einem Partizip zu **erkennen**:

1. Steht das Partizip ohne eine Form von esse?
2. Ist ein Bezugswort in KNG-Kongruenz vorhanden?
3. Welche weiteren Wörter ergänzen das Partizip?

Strategie, eine Konstruktion mit einem Partizip zu **übersetzen**:

1. Zeichne einen Pfeil zum Bezugswort und setze eine Klammer um das Partizip und alle Wörter, die zum ihm gehören.
2. Übersetze dann zuerst die „übriggebliebenen" Wörter: Sie müssen alle zusammen eine sinnvolle Aussage ergeben.
3. Kläre die Form des Partizips und beachte:
   PPA? → gleichzeitig und aktiv PPP? → vorzeitig und passiv
4. Übersetze die Wörter in der „Partizip-Klammer" mit dem Bezugswort.
5. Überlege: Was für eine Aussage macht das Partizip? Nähere Bestimmung des Bezugsworts (Attribut) oder Erläuterung der Umstände (Adverbiale)?

Bsp.: Homines ex urbe ab hostibus capta pulsi sunt.

erkennen:
[1] zwei Partizipien: capta steht ohne Form von esse → Partizipkonstruktion;
pulsi sunt (Pl.) → Prädikat
[2] Bezugswort für capta: urbe (Beide stehen im Abl. Sg. f.)
[3] weitere Wörter zum Partizip: ab hostibus

Homines ex [2]urbe [1][[3]ab hostibus [1]capta][1] pulsi sunt.

übersetzen:
2. Die Menschen sind aus der Stadt vertrieben worden.
3. capta – PPP → vorzeitig und passiv
4. [die Stadt – von den Feinden eingenommen]
5. Aussage des Partizips: **zeitliche Umstände**

Die Menschen sind aus der Stadt vertrieben worden, nachdem sie von den Feinden eingenommen worden war.

Bsp.: Milites exercitum hostium oppida magno impetu petentem arcuerunt.

erkennen:
[1] Partizip: petentem
[1] Bezugswort: exercitum (Beide stehen im Akk. Sg. m.)
[3] weitere Worte zum Partizip: oppida magno impetu

Milites [2]exercitum hostium [1][oppida magno impetu [1] petentem][1] arcuerunt.

übersetzen:
1. Die Soldaten haben das Heer der Feinde abgewehrt.
2. petentem – PPA → gleichzeitig und aktiv
3. [das Heer – die Städte in einem großen Ansturm angreifend.]
4. Aussage des Partizips: **Information** oder **zeitliche Umstände**

Die Soldaten haben das Heer der Feinde
a) , das die Städte in einem großen Ansturm angriff, abgewehrt.
b) abgewehrt, als es in einem großen Ansturm die Städte angriff.

1. Wende die Strategien zum Erkennen und Übersetzen der Partizip-Konstruktionen an:

Hannibal exercitum per Alpes montes ductum Romam petere non iussit.

erkennen: 1 ______

2 ______

3 ______

Hannibal exercitum per Alpes montes ductum Romam petere non iussit.

übersetzen: 2. ______

3. ______

4. ______

5. ______

______

______

______

Hannibal consules Romanorum cum exercitu resistentes interfecit.

erkennen: 1 ______

2 ______

3 ______

Hannibal consules Romanorum cum exercitu resistentes interfecit.

übersetzen: 2. ______

3. ______

4. ______

5. ______

______

______

______

V1 Formen des Konjunktiv Präsens Aktiv aller Konjugationen **erkennen**

V2 Formen des Konjunktiv Präsens Aktiv aller Konjugationen **bilden**

S1 Gliedsätze mit ut/ne + Konjunktiv **erkennen** und **übersetzen**

V1

Den **Konjunktiv Präsens Aktiv** erkennt man am Modus-Zeichen -a-:

Präsens-stamm	Modus-Zeichen	Person-Zeichen
time	a	m
audi	a	t

Ausnahme: In der a-Konjugation ist das Modus-Zeichen ein -e-:

Präsens-stamm	Modus-Zeichen	Person-Zeichen
rog	e	mus

V2

	KONJUNKTIV PRÄSENS AKTIV					
	a-Konj.	e-Konj.	i-Konj.	Kons. Konj.	Kurz-i-Konj.	
	rogare	**ridere**	**venire**	**legere**	**facere**	**ire**
1. Sg.	rogem	rideam	veniam	legam	faciam	eam
2. Sg.	roges	rideas	venias	legas	facias	eas
3. Sg.	roget	rideat	veniat	legat	faciat	eat
1. Pl.	rogemus	rideamus	veniamus	legamus	faciamus	eamus
2. Pl.	rogetis	rideatis	veniatis	legatis	faciatis	eatis
3. Pl.	rogent	rideant	veniant	legant	faciant	eant

Die unregelmäßigen Verben esse, posse, velle, nolle haben als Modus-Zeichen -i-:

	esse	**posse**	**velle**	**nolle**
1. Sg.	sim	possim	velim	nolim
2. Sg.	sis	possis	velis	nolis
3. Sg.	sit	possit	velit	nolit
1. Pl.	simus	possimus	velimus	nolimus
2. Pl.	sitis	possitis	velitis	nolitis
3. Pl.	sint	possint	velint	nolint

S1

Bei einigen Arten von Gliedsätzen ist im Lateinischen der Konjunktiv erforderlich. Bei der Übersetzung ins Deutsche verwendet man aber meistens den Indikativ.

Gliedsatz	Subjunktion	Übersetzung	Beispiel
Begehrsatz	ut / ne	dass / dass nicht	Te oro, ut mihi adiuves. – Ich bitte dich, dass du mir hilfst / mir zu helfen.
Finalsatz	ut / ne	damit / damit nicht	Urbs moenibus altis circumdatur, ne hostes eam capere possint. – Die Stadt wird mit hohen Mauern umgeben, damit die Feinde sie nicht einnehmen können.
Konsekutiv-satz	ut / ut non	so dass / so dass nicht	Urbs tantis moenibus circumdata est, ut nemo eam capere possit. – Die Stadt ist von so hohen Mauern umgeben, dass niemand sie erobern kann.
Indirekter Fragesatz	Frage-wörter	Fragewörter	Te rogo, cur me non adiuves. – Ich frage dich, warum du mir nicht hilfst.

WS

parere		hostis	
adesse		lacrima	
ardere		accidere	
vis		sustinere	
movere		invadere	

V1

a Unter diesen Konjunktivformen sind fünf von Verben der a-Konjugation. Kreise sie ein und schreibe ihren Infinitiv darüber.

Die kursiven Buchstaben in den Konjunktivformen ergeben hintereinander eine weitere Konjunktivform eines Verbs der a-Konjugation:

___ ___ ___ ___ ___

pe*r*gant – arce*a*tis – *a*edificet – fi*ni*at – nuntie*m*us – invenia*s* – coga*m*– res*p*iciamus – lice*at* – vi*v*at – te*ne*at – s*u*mant – d*es* – *mo*veatis – narre*n*t – tr*ad*ant – oppugnen*t*

b Verwechslungsgefahr! Verschiedene Endungen bei Konjunktivformen können mit Substantivformen verwechselt werden. Unterstreiche jeweils die einzige Verbform in der Reihe und schreibe ihren Infinitiv auf.

→ vincas – fortunas – vigilias – amicitias – horas *vincere*

→ mentem – uxorem – pugnem – senatorem – arborem

→ flammam – ponam – vigiliam – formam – aquam

→ amores – timores – honores – mulieres – portes

→ voluptatis – tempestatis – humanitatis – videatis – voluntatis

→ libertas – desinas – auctoritas – cupiditas – nefas

c In dem Kästchen sind fünf der sechs Formen des Konjunktiv Präsens von velle versteckt. Kreise sie ein. Welche Form fehlt?

	1	2	3	4	5	6	7
a	V	O	N	V	E	L	V
b	E	E	U	E	M	E	A
c	L	A	L	L	L	G	L
d	I	P	S	I	B	O	L
e	M	U	T	T	N	M	P
f	U	I	O	V	A	T	U
g	S	A	V	E	L	I	M

d Lateinisch ge*sim*st! Du hast 9 x s, 7 x i, 3 x t, 2 x m und 1 x n zur Verfügung.
Welcher Buchstabe fehlt, um die 6 Formen des Konjunktiv Präsens von **esse** zu bilden? ____

___ ___ ___   ___ ___ ___   ___ ___ ___   ___ ___ ___ ___ ___

___ ___ ___ ___ ___   ___ ___ ___ ___

e Ordne die Konjunktivformen von **posse** und **nolle** richtig ein. Eine Form fehlt. Welche? Ergänze sie.

	1.Sg.	2.Sg.	3.Sg.	1.Pl.	2.Pl.	3.Pl.
posse						
nolle						

possit – possimus – nolim – possint – nolis – nolimus –
possim – nolint – possitis – possis – nolit

V2

a Konjugiere im Konjunktiv Präsens.

	rogare	parere	esse	ire
1. Sg.				
2. Sg.				
3. Sg.				
1. Pl.				
2. Pl.				
3. Pl.				

b Viele Wünsche! Bilde die angegeben Verbformen im Konjunktiv Präsens.

Wir wünschen, dass … Cupimus, ut …

… sie gewinnt. *vincat* (vincere) … sie bleiben. ________ (manere)

… du kommst. ________ (venire) … wir schlafen. ________ (dormire)

… du arbeitest. ________ (laborare) … ihr erzählt. ________ (narrare)

… ihr weggeht. ________ (abire) … er sich bemüht. ________ (studere)

S1

a ut „begehrt", ne „begehrt nicht". Übersetze die folgenden Begehrsätze.

1. Deos oramus, ut nobis adsint. ________________________________

____

2. Servi dominum rogant, ne hodie eis labores imponat. ______________________

____

3. Hannibal militibus imperat, ut in fines Romanorum invadant. ______________________

____

b ut „beabsichtigt", ne „beabsichtigt nicht". Übersetze die folgenden Finalsätze.

1. Tibi scribimus, ut respondeas. ______________________

____

2. Vobis adsumus, ne vos timeatis. ______________________

____

3. Imperator impetum celerem facit, ut hostes superet. ______________________

____

4. Vos invito, ne solus sim. ______________________

____

c ut „folgt", ut non „folgt nicht". Übersetze die folgenden Konsekutivsätze.

1. Saepe accidit, ut homines in periculo sint. ______________________

____

2. Sic moveor, ut lacrimas tenere non possim. ______________________

____

3. Sol tanta vi ardet, ut ardorem vix sustineamus. ______________________

____

d Übersetze mündlich und kreuze an: Begehr-, Final- oder Konsekutivsatz?

	B	F	K
1. Mercurius Ulixi remedium dat, ne Circa eum mutare possit.			
2. Remus tanta ira commovetur, ut fratrem irrideat.			
3. Laocoon Troianos monet, ne equum ligneum in urbem trahant.			
4. Patres Menenium Agrippam mittunt, ut plebs in urbem redeat.			
5. Dido Aeneam orat, ne in Italiam naviget.			
6. Romani Sabinos tam vehementer laedunt, ut ei Romam invadant.			

V1 Konjunktiv Präsens Passiv aller Konjugationen **erkennen**
V2 Konjunktiv Perfekt Aktiv und Passiv aller Konjugationen **erkennen**
V3 alle Formen des Konjunktiv Präsens und Perfekt **erkennen**
S1 konjunktivische Gliedsätze (mit cum) **erkennen** und **übersetzen**
S2 die Verwendung von Konjunktiv Präsens und Perfekt **erkennen**

V1 Der **Konjunktiv Präsens Passiv** wird wie der Konjunktiv Präsens Aktiv gebildet, nur mit den **Passiv-Person-Zeichen** (o)r, ris, tur, mur, mini, ntur:
audi**atur** rog**emini**

V2 Den **Konjunktiv Perfekt Aktiv** erkennt man am Modus-Zeichen **-eri-**.

Perfekt-stamm	Modus-Zeichen	Person-Zeichen
eg	**eri**	m
audiv	**eri**	nt

Der **Konjunktiv Perfekt Passiv** wird so gebildet:
PPP und **sim**, **sis**, **sit**, **simus**, **sitis**, **sint**
(Konjunktiv Präs. von esse)

Bsp.: actum **sit** facti **sint** auditae **sitis**

V3 Übersicht über **Konjunktiv Präsens** und **Perfekt**

	KONJUNKTIV			
	PRÄSENS[1]		PERFEKT	
	AKTIV	PASSIV	AKTIV	PASSIV
1. Sg.	audi**am**	audi**ar**	audiv**erim**	auditus, -a **sim**
2. Sg.	audi**as**	audi**aris**	audiv**eris**	auditus, -a **sis**
3. Sg.	audi**at**	audi**atur**	audiv**erit**	auditus, -a,-um **sit**
1. Pl.	audi**amus**	audi**amur**	audiv**erimus**	auditi, -ae **simus**
2. Pl.	audi**atis**	audi**amini**	audiv**eritis**	auditi, -ae **sitis**
3. Pl.	audi**ant**	audi**antur**	audiv**erint**	auditi, -ae, -a **sint**

[1] Bei der a-Konjugation ist das Modus-Zeichen im Konjunktiv Präsens -e- (rog**e**m, rog**e**s usw.).

S1 **cum** kennst du schon als Präposition mit Ablativ: cum amico – mit dem Freund.
cum steht im Lateinischen aber auch oft als Gliedsatz einleitende Subjunktion mit Konjunktiv.
cum kann drei Arten von Gliedsätzen einleiten:

Temporalsatz	als, nachdem	**Cum** vocaverim, tandem me audit. **Nachdem/Als** ich gerufen habe, hört er mich endlich.
Kausalsatz	weil, da	**Cum** amicum invitaverim, venit. **Weil** ich den Freund eingeladen habe, kommt er.
Konzessivsatz	obwohl, obgleich	**Cum** magna voce vocemus, nos non videt. **Obwohl** wir mit lauter Stimme rufen, sieht er uns nicht.

S2 Zeitverhältnisse bei Konjunktiv Präsens bzw. Perfekt im Gliedsatz (Gs):

Konjunktiv	Handlung im Gs ist …		
Präsens	… **gleichzeitig** zum Hauptsatz.	Cum **rogem** atque **orem**, nihil dicit.	Obwohl **ich frage** und **bitte**, sagt er nichts.
Perfekt	… **vorzeitig** zum Hauptsatz.	Cum a te **rogatus sit**, respondet.	Weil er von dir **gefragt worden ist**, antwortet er.

WS

iudex	______	dies	______
tutus	______	statuere	______
perficere	______	necare	______
consilium	______	transire	______
patere	______	proximus	______

V1

a Wiederhole die Person-Zeichen Passiv und trage sie ein.

1. Sg.	2. Sg.	3. Sg.	1. Pl.	2. Pl.	3. Pl.
-	-	-	-	-	-

b Unterstreiche die sechs Formen im Konjunktiv Präsens Passiv.

teneamini – audiamus – inveniatur – aedificentur – cogamur – teneant – audiar – aedificet – cogaris – invenias – moveatis

V2

a Drei der folgenden Passivformen stehen im Konjunktiv Perfekt Passiv. Kreise sie ein und markiere die Form von esse, an der du den Konjunktiv erkennst, farbig.

mutatus sum – circumdata sunt – liberati sumus – relicti eritis – vocata sit – coactus sim – inventi erant – muniti sint – cognitum est – territi erint

b Konjunktiv Perfekt oder Indikativ Futur II? Beim Übersetzen kein Problem!
Übersetze die Sätze und schreibe an den Rand: Konj. Perf. bzw. Ind. Fut. II.

1. Respondebo, ubi mihi scripseris. ______

2. Narrate, quid audiveritis! ______

3. Iudices ad reos: „Scimus, quid in villa rapueritis, ubi his diebus fueritis, quae scelera feceritis.“

4. Cicero ad senatores: „Si Catilina ex urbe abierit, vos omnes tuti eritis. ______

V3

a Eine der vier Formen eines Verbs steht im Konjunktiv. Markiere sie und kreuze an, um welche Konjunktivform es sich handelt.

	Konj. Präs.		Konj. Perf.	
	Akt.	Pass.	Akt.	Pass.
<u>moveatur</u> – movit – movebatur – movebit		✗		
1. vincebas – vinces – viceris – viceras				
2. vocamur – vocaverimus – vocavimus – vocamus				
3. actum est – actum erat – actum sit – egerat				
4. neglego – neglegam – neglegebam – neglexeram				
5. simus – fuimus – sumus – erimus				
6. parati sunt – paraverint – paraverunt – parati erant				
7. coacta estis – cogamini – coegeratis – cogetis				
8. velit – voluit – volet – vult				
9. capti sunt – capti sint – capti erant – ceperunt				
10. potes – possis – potueras – potuisti				

b Zerlege die Verbformen in ihre Bestandteile und trage diese in die Spalten ein. Übersetze die Indikativformen ins Deutsche und bestimme die Konjunktivformen.

	Präsens-stamm	Perfekt-stamm	Sprech-vokal	Tempus-Zeichen	Modus-Zeichen	Person-Zeichen	Übersetzung/ Bestimmung
legent	*leg*	–	–	*e*	–	*nt*	*sie werden lesen*
rogaverim	–	*rogav*	–	–	*eri*	*s*	*1. Sg. Perf. Akt. Konj.*
sedebatis							
oppressi							
teneamini							
crediderint							
audiatur							
ludamus							
aedificantur							
cogeris							
ceperatis							
parabimus							
manseritis							

S1 Kläre, ob cum als Subjunktion oder Präposition verwendet ist.

a Markiere cum als Subjunktion rot, als Präposition in einer anderen Farbe.

1. … magno cum gaudio te audivi
2. … cum subito hostes impetum fecerunt …
3. … cum Cicero eum in senatu rogaverit
4. … Daedalus cum Icaro filio ex insula fugit …
5. … tecum semper in amicitia esse volo …
6. … cum ego multas horas dormiverim …

Steht ein Ablativ dahinter?
→ meist Präposition!
Steht ein Komma davor?
→ meist Subjunktion!

b Markiere cum als Subjunktion bzw. Präposition und übersetze die Sätze.

1. Ulixes, cum remedium a Mercurio ei datum sit, socios servat.

2. Romani, cum Hannibalem cum exercitu elephantisque Alpes montes transisse audiverint, valde terrentur.

3. Cum Romulus una cum Remo urbem Romam condiderit, fratrem suum necat, cum ab eo irrisus sit.

4. Catilina, cum omnia eius consilia pateant, hodie in senatu adest.

S2 Kreuze für die Sätze 1–4 aus Aufgabe **S1** b an, ob die mit cum eingeleiteten Gliedsätze gleichzeitig oder vorzeitig sind.

Satz 1		Satz 2		Satz 3		Satz 4	
GZ	VZ	GZ	VZ	GZ	VZ	GZ	VZ

V1 Konjunktiv Imperfekt Aktiv und Passiv **erkennen**
V2 Konjunktiv Plusquamperfekt Aktiv und Passiv **erkennen**
V3 alle Konjunktivformen **erkennen**
S1 Zeitverhältnisse in Gliedsätzen mit Konjunktiv **erkennen** und **übersetzen**

V1 Den **Konjunktiv Imperfekt Aktiv und Passiv** erkennt man Modus-Zeichen -(e)**re**-:

Präsensstamm	Modus-Zeichen	Person-Zeichen
roga	**re**	t

V2 Den **Konjunktiv Plusquamperfekt Aktiv** erkennt man am Modus-Zeichen -**isse**-:

Perfekt-stamm	Modus-Zeichen	Person-Zeichen
rogav	**isse**	t

Der **Konjunktiv Plusquamperfekt Passiv** wird so gebildet:

Partizip Perfekt Passiv (PPP) und	Konjunktiv Imperfekt von esse
actum	esset

V3

Konj. Akt.	Präsens[1]	Imperfekt	Perfekt	Plusquamperfekt
1. Sg.	audiam	audirem	audiverim	audivissem
2. Sg.	audias	audires	audiveris	audivisses
3. Sg.	audiat	audiret	audiverit	audivisset
1. Pl.	audiamus	audiremus	audiverimus	audivissemus
2. Pl.	audiatis	audiretis	audiveritis	audivissetis
3. Pl.	audiant	audirent	audiverint	audivissent

Konj. Pass.	Präsens[1]	Imperfekt	Perfekt	Plusquamperfekt
1. Sg.	audiar	audirer	auditus, -a sim	auditus, -a essem
2. Sg.	audiaris	audireris	auditus, -a sis	auditus, -a esses
3. Sg.	audiatur	audiretur	auditus, -a,-um sit	auditus,- a,- um esset
1. Pl.	audiamur	audiremur	auditi, -ae simus	auditi,- ae essemus
2. Pl.	audiamini	audiremini	auditi, -ae sitis	auditi,- ae essetis
3. Pl.	audiantur	audirentur	auditi, -ae, -a sint	auditi, -ae,- a essent

[1] Bei der a-Konjugation ist das Modus-Zeichen im Konjunktiv Präsens -e- (rogem, roges usw.).

	Präsens	Imperfekt	Perfekt	Plusquamperfekt
esse	sim, sis *usw.*	essem, esses *usw.*	fuerim, fueris *usw.*	fuissem, fuisses *usw.*
posse	possim, possis *usw.*	possem, posses *usw.*	potuerim, potueris *usw.*	potuissem, potuisses *usw.*
velle	velim, velis *usw.*	vellem, velles *usw.*	voluerim, volueris *usw.*	voluissem, voluisses *usw.*
nolle	nolim, nolis *usw.*	nollem, nolles *usw.*	noluerim, nolueris *usw.*	noluissem, noluisses *usw.*

S1 Zeitverhältnisse bei Konjunktiv im Gliedsatz (Gs):

Konjunktiv	Handlung im Gs ist ...		
Präsens, Imperfekt	... **gleichzeitig** zum Hauptsatz.	Amicus me non audivit, cum vocarem.	Der Freund **hörte** mich nicht, obwohl ich **rief**.
Perfekt, Plusquamperfekt	... **vorzeitig** zum Hauptsatz.	Amicus venit, cum eum invitavissem.	Der Freund **kam**, weil ich ihn **eingeladen hatte**.

WS

oratio	______	adesse	______
relinquere	______	urbs	______
exstruere	______	advenire	______
liberare	______	cura	______
capere	______	cogere	______

V1

a Formen im Konjunktiv Imperfekt sind leicht zu erkennen: *Infinitiv Präsens Aktiv + Person-Zeichen.* Fünf der folgenden Formen stehen im Konjunktiv Imperfekt. Schreibe die fünf Infinitive dieser Formen auf die Linien.

tollunt – tenerentur – trahitur – necaretur – studebam – tacuisse – velletis – legerent – defendet – commoveri – transibit – liberareris

______ ______ ______ ______ ______

	1	2	3	4	5	6	7	8	9	10	11
a	P	O	S	S	E	M	I	V	R	Q	P
b	Q	O	F	I	E	D	E	B	T	T	O
c	P	C	S	S	T	L	U	N	V	N	S
d	E	O	S	S	L	E	E	N	E	E	S
e	S	E	S	E	E	S	S	V	L	S	E
f	S	R	N	S	S	T	E	S	L	S	T
g	E	T	G	E	E	L	I	L	E	O	E
h	T	P	Q	C	L	S	D	S	T	P	L
i	H	T	M	E	L	L	E	V	I	I	L
j	P	O	S	S	E	M	U	S	S	T	E
k	S	U	M	E	S	S	E	S	P	R	V

b In dem Kästchen findest du die Formen des Konjunktiv Imperfekt von esse, posse und velle. Markiere sie. Nur eine fehlt. Welche?

______

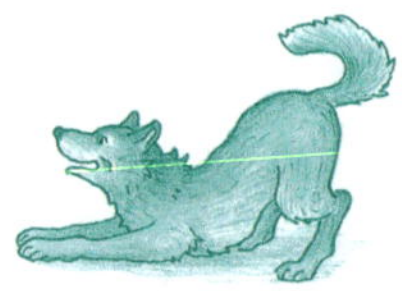

V2

a Formen im Konjunktiv Plusquamperfekt Aktiv sind leicht zu erkennen:

Infinitiv Perfekt Aktiv + Person-Zeichen.

Fünf der folgenden Formen stehen im Konjunktiv Plusquamperfekt Aktiv. Schreibe diese fünf Formen sowie ihre Infinitive Perfekt Aktiv und Präsens Aktiv unten auf.

paravisset – monuisti – venissent – noluissemus – fecerim – circumdederunt – crederent – irrisistis – tacuisses – constituisset – coegeramus – corripiebant

______ ______ ______ ______ ______

______ ______ ______ ______ ______

______ ______ ______ ______ ______

b Unter folgenden Passivformen stehen vier im Konjunktiv Plusquamperfekt Passiv.
Kreise sie ein und markiere die Form von esse, an der du den Konjunktiv erkennst, farbig.

circumdati essent – motus est – liberati estis – relicta eris – vocata sum – coactae essemus – inventum esset – muniti sunt – cognitum est – territi essetis

V3

a Ein Verb, viele Formen im Konjunktiv! Von jedem Konjunktiv findest du drei Formen.
Sortiere sie in die Tabelle ein. Eine Form bleibt übrig. Bestimme sie.

capiatur – cepissem – caperemini – capti essent – ceperunt – capiamus – caperet – ceperis – capta sitis – capiant – ceperint – capta esses – caperer

Konjunktiv Präsens	Konjunktiv Imperfekt	Konjunktiv Perfekt	Konjunktiv Plusquamperfekt

übrige Form: ______________________ – ______________________

b esse, posse, velle, nolle, ire, agere im Konjunktiv: Ziehe Verbindungslinien in verschiedenen Farben: dieselbe Vokabel gelb, dieselbe Person blau, derselbe Konjunktiv rot.

velit	fuerint	egissent
simus	possemus	nolit
nolueris	eat	ierimus
agerent	voluisses	vellem
potuissem	agatis	possis
iretis	nollem	essetis

c Prüfe, ob du Verben im Konjunktiv erkennst. Markiere die Konjunktive mit verschiedenen Farben.

◯ Konj. Präs. ◯ Konj. Imperf. ◯ Konj. Perf. ◯ Konj. Plqupf.

uxores – timuit – gignerent – nomina – nuntiaverint – suis – aleretis – capitis – hunc – monuerim – vident – audeamus – voluntatem – vastentur – clamabimus – menses – ita – circumveniretur – iuris – laesi essetis – diligentiae – senectutem – cottidie – reddiderimus – mutabatis – reliquisses – speravisti – saepe – gaudium – expugnatum sit – paulo – parvi – invenire – dux – accepissetis – intellegamus

S1

a Stelle fest, ob die Aussage des Gliedsatzes gleichzeitig oder vorzeitig zu der des Hauptsatzes ist, übersetze und erkläre das Zeitverhältnis durch Umschreibung.

Achte wegen des Zeitverhältnisses auf die Konjunktivformen im Gliedsatz.

Cum servi bene laboravissent, dominus eis dona dedit. –
Weil die Sklaven gut gearbeitet hatten, hat der Herr ihnen Geschenke gegeben.
Umschreibung: *Zuerst haben die Sklaven gut gearbeitet, daraufhin haben sie Geschenke bekommen.*

1. Cum Cicero orationem in senatu haberet, Catilina adfuit.

____

____

____

2. Cum Catilina urbem reliquisset, Cicero curis liberatus est.

____

____

____

b Setze die Prädikate so in die lateinischen Haupt- und Gliedsätze ein, dass sie zu der vorgegebenen Übersetzung passen.

1. exstruantur – exstruerentur – exstructa sint – exstructa essent
   adveniunt – adveniunt – advenerunt – advenerunt

Cum moenia ______________, hostes ______________.
Nachdem die Stadtmauern gebaut worden waren, kamen die Feinde.

Cum moenia ______________, hostes ______________.
Als die Stadtmauern gebaut werden, kommen die Feinde.

Cum moenia ______________, hostes ______________.
Als die Stadtmauern gebaut worden sind, kommen die Feinde.

Cum moenia ______________, hostes ______________.
Als die Stadtmauern gebaut wurden, kamen die Feinde.

2. rogo – rogo – rogavi – rogavi – videat – videret – viderit – vidisset

Eum ______________, quid ibi ______________.
Ich frage ihn, was er dort gesehen habe.

Eum ______________, quid ibi ______________.
Ich habe ihn gefragt, was er dort sehe.

Eum ______________, quid ibi ______________.
Ich habe ihn gefragt, was er dort gesehen habe.

Eum ______________, quid ibi ______________.
Ich frage ihn, was er dort sehe.

S1 Konditionalsätze **erkennen**
S2 Irrealis der Gegenwart **erkennen** und **übersetzen**
S3 Irrealis der Vergangenheit **erkennen** und **übersetzen**
S4 die wichtigsten Arten von Gliedsätzen **unterscheiden** und **übersetzen**

S1

Konditionalsätze sind Bedingungssätze. Die Bedingung wird in einem Gliedsatz ausgedrückt (Bedingungssatz), zu dem ein Hauptsatz gehört, der die Folge angibt (Folgerungssatz):

	Bedingungssatz	Folgerungssatz
Bsp. 1	Wenn es regnet,	bleiben wir zuhause.
Bsp. 2	Wenn es nicht geregnet hätte,	wären wir spazieren gegangen.

Solche Konditionalsätze können reale Zustände oder Ereignisse ausdrücken (Bsp. 1), aber auch Aussagen oder Überlegungen, wie es sein könnte bzw. hätte sein können (Bsp. 2). Beim zweiten Beispiel spricht man von einem **Irrealis**, weil die Aussage nicht der „Realität" entspricht.
Die Konditionalsätze werden im Lateinischen zumeist mit **si** oder **nisi** eingeleitet.

S2

Der **Irrealis der Gegenwart** bezeichnet eine Möglichkeit oder eine Überlegung, die zu diesem Zeitpunkt nicht erfüllt ist. Im Lateinischen steht dafür **Konjunktiv Imperfekt**, im Deutschen Konjunktiv II.

Si amici adessent,	beatus essem.
Wenn meine Freunde da wären,	wäre ich glücklich.
(sie sind aber nicht da)	*(bin ich aber nicht)*

S3

Der **Irrealis der Vergangenheit** bezeichnet eine Möglichkeit bzw. eine Überlegung, die zu diesem Zeitpunkt nicht mehr erfüllbar ist. Im Lateinischen steht dafür **Konjunktiv Plusquamperfekt**, im Deutschen Konjunktiv II der Vergangenheit.

Si amici adfuissent,	beatus fuissem.
Wenn die Freunde da gewesen wären,	wäre ich glücklich gewesen.
(sie waren aber nicht da)	*(ich war aber nicht glücklich)*

S4

Übersicht über die häufigsten **Subjunktionen** im Lateinischen

Subjunktion	Sinnrichtung / Art des Gliedsatzes	deutsche Bedeutung(en)
cum (+ Ind./Konj.)	*temporal* *kausal* *konzessiv*	als, nachdem weil obwohl
quod **quia** **quoniam**	*kausal* " "	weil weil da ... ja
postquam **dum** **priusquam** **ubi/ut** (+ Ind.)	*temporal* " " "	nachdem während bevor sobald

Subjunktion	Sinnrichtung / Art des Gliedsatzes	deutsche Bedeutung(en)
ut (+ Ind.)	*Vergleich*	wie
ut / ne (+ Konj.)	*Begehr* *final*	dass/dass nicht damit/damit nicht
ut / ut non (+ Konj.)	*konsekutiv*	so dass/ so dass nicht
si **sin** **nisi**	*konditional* " "	wenn wenn aber wenn nicht
quamquam **etsi**	*konzessiv* "	obwohl wenn auch

WS

timere	______________	iucundus	______________
accipere	______________	clades	______________
matrona	______________	licet	______________
numquam	______________	fides	______________
sacerdos	______________	invitare	______________

S1

a Unterstreiche in den folgenden Sätzen den Bedingungssatz und den Folgesatz mit unterschiedlichen Farben.

Achte auf die Subjunktionen und die Kommas.

b Kreuze an, ob es sich um einen Irrealis handelt.

	Irrealis: ja	nein
1. Wenn ich viel Geld hätte, würde ich um die Welt reisen.	☐	☐
2. Du hast versprochen zu helfen, wenn du Zeit hast.	☐	☐
3. Falls du das verraten hättest, hätte ich mich sehr geärgert.	☐	☐
4. Hans will, wenn es nicht regnet, mit dem Fahrrad fahren.	☐	☐
5. Wir würden kommen, wenn wir könnten.	☐	☐
6. Ich hätte die CD, wenn sie nicht zu teuer gewesen wäre, gekauft.	☐	☐

S2

Folgende Sätze stehen im Irrealis der Gegenwart. Markiere die Verbformen im Konjunktiv Imperfekt und übersetze.

1. Si me invitares, venirem. ______________

____

2. Nisi servi essetis, vitam iucundam ageretis. ______________

____

3. Gladiator: „Si timerem, cladem acciperem." ______________

____

4. Epistulam tibi libenter scriberem, si scribere mihi liceret. ______________

____

____

5. Si spectacula placerent, matrona in Circum Maximum iret. ______________

____

____

S3

a Folgende Sätze stehen im Irrealis der Vergangenheit. Markiere die Verbformen im Konjunktiv Plusquamperfekt und übersetze die Sätze.

1. Si me invitavisses, venissem.

2. Nisi servi fuissetis, vitam iucundam egissetis.

3. Gladiator: „Si timuissem, cladem accepissem."

4. Epistulam tibi libenter scripsissem, si scribere mihi licuisset.

5. Si spectacula placuissent, matrona in Circum Maximum adisset.

b Übersetze die Konditionalsätze. Es gibt einen Irrealis der Gegenwart und einen Irrealis der Vergangenheit. Welche Sätze sind das? Begründe.

Achte auf die Verbformen: Konjunktiv oder Indikativ? Konjunktiv Imperfekt oder Konjunktiv Plusquamperfekt?

1. Nisi verum dico, nemo mihi fidem habet.

2. Menenius Agrippa ad plebem: „Si in urbem redieritis, iura vobis dabuntur."

3. Si puer semper verum diceret, cuncti fidem ei haberent.

4. Nisi Aeneas a deis monitus esset, numquam Didonem reginam reliquisset.

5. Laocoon: „Si Graecos Troiam reliquisse creditis, erratis."

Irrealis der Gegenwart: Satz Nr. ________, weil ________.

Irrealis der Vergangenheit: Satz Nr. ________, weil ________.

S4 **a** Suche die lateinischen Subjunktionen heraus und trage sie bei ihren deutschen Bedeutungen ein. Sie sind waagerecht, senkrecht und diagonal im Gitter versteckt.

Eine lateinische Subjunktion fehlt. Welche ist es? Ergänze sie.

	1	2	3	4	5	6	7	8	9
a	p	v	i	l	n	a	s	d	u
b	c	r	n	x	e	p	e	u	r
c	a	t	i	q	f	o	b	m	i
d	e	l	s	u	c	s	v	x	l
e	t	u	i	o	s	t	m	u	t
f	s	c	d	n	m	q	e	h	n
g	i	u	t	i	l	u	u	d	a
h	f	m	e	a	h	a	r	a	s
i	n	o	r	m	u	m	o	c	m

___ ___ ___ – als ___ ___ – dass

___ ___ ___ ___ ___ ___ ___ ___ – nachdem

___ ___ ___ ___ – wenn nicht

___ ___ ___ ___ ___ ___ ___ ___ – obwohl

___ ___ – damit nicht ___ ___ ___ ___ – wenn auch

___ ___ ___ ___ ___ ___ ___ – weil

___ ___ ___ – während

___ ___ ___ ___ ___ ___ ___ ___ ___ – bevor

b Kreuze die Sinnrichtung(en) der Subjunktion an.

	Begehr	final	kausal	konditional	konsekutiv	konzessiv	temporal
quia							
si							
ut (+ Konj.)							
quod							
postquam							
etsi							
dum							

c Unterstreiche die sieben Subjunktionen und übersetze den Text.

1. Rex Alexander, postquam in Aegyptum venit, oraculum adiit. 2. Cum templo appropinquaret, sacerdos Alexandrum filium Iovis appellavit. 3. Is eo honore ita gaudebat, ut id nomen non recusaret. 4. Comites regis tanta admiratio incessit, ut tacentes starent. 5. Dum regem suum aspiciunt, sacerdos addidit: „Cum dei te servare studeant, nemo te vincet.“ 6. Tum Alexander sacerdoti dona dedit atque deo sacrificavit, ne illis verbis sacerdotis laederetur.

Ü4 Wiederhole die **Strategie zum** Erkennen und **Übersetzen der Konstruktion** AcI (**KÜS**):
Drei „Spuren" muss man verfolgen, um den AcI zu **erkennen**:

Spur 1: Gibt es einen Infinitiv?
Spur 2: Gibt es ein Nomen im Akkusativ?
Spur 3: Gibt es als Prädikat ein Verb, von dem ein AcI abhängen kann?

Spur 1: Einen **Infinitiv** erkennt man leicht an seiner Form:

	Aktiv	Passiv	Zeitverhältnis
Präsens	ama-re	ama-ri / mitt-i	gleichzeitig
Perfekt	amav-isse	amatum esse	vorzeitig

Spur 2: Ein Nomen im **Akkusativ** erkennt man leicht an seiner Endung.

	o-Dekl.		a-Dekl.	Konsonantische Dekl.		e-Dekl.	u-Dekl.
	m.	n.		m./f.	n.		
Sg.	**-um**	**-um**	**-am**	**-em**	*(wie Nom.)*	**-em**	**-um**
Pl.	**-os**	**-a**	**-as**	**-es**	*(wie Nom.)*	**-es**	**-us**

Spur 3: **Verben, von denen ein AcI abhängen kann**, sind Verben des Sagens, Meinens, Wahrnehmens usw. Folgende „AcI-Verben" kennst du bisher:

clamare – placere – apparere (apparet) – gaudere – audire – iubere – respondere – videre – dicere – legere – sperare – putare – cognoscere – scribere – scire – sentire – iudicare – promittere – narrare – comperire – credere – tradere – censere – nescire – ostendere – sinere – intellegere – nuntiare

Übe diesen Verben als Vokabelliste (mit Stammformen und deutscher Bedeutung). Achtung: Diese „AcI-Verben" stehen meist am Ende des Satzes, nach dem AcI.

Der Prädikatsinfinitiv (Spur 1) und der Subjektsakkusativ (Spur 2) müssen zusammen eine sinnvolle Information ergeben. Diese Information muss eine Antwort auf die Frage „Was?" bieten, die von Spur 3, dem AcI-Verb, aus gestellt wird (z. B.: ***Was** sagt er?*).

Wende beim **Übersetzen** folgende Schritte der **KÜS** an:

1. Unterstreiche Prädikatsinfinitiv und Subjektsakkusativ.
2. Setze eine Klammer um den gesamten AcI.
3. Stelle fest, um welche Infinitivform es sich handelt (*aktiv? passiv? vorzeitig? gleichzeitig?*).

Inf. Perf. Pas. → passiv, vorzeitig
Bsp.: Consul [urbem ab hostibus captam esse] cognovit.

Spur 1	Infinitiv:	captam esse	*ergeben zusammen Sinn:*
Spur 2	Akkusativ	urbem	die Stadt … ist erobert worden
Spur 3	Verb+AcI	cognovit	**Was** *erfuhr er?* → … dass die Stadt … erobert worden war

In zweien dieser Sätze steht kein AcI. Begründe mit den „Spuren".

	AcI ? Ja	Nein	bei Nein: Welche „Spur" fehlt?
1. Post mortem regis regnum filio traditum est.	☐	☐	______
2. Regem ab inimicis interfectum esse omnes putant.	☐	☐	______
3. Milites castra relinquere noluerunt.	☐	☐	______
4. Imperator castra statim relinqui iussit.	☐	☐	______

Ü5 Wiederhole die **Strategie zur Übersetzung von Satzgefügen** (HS + GS) (**GÜS**):

1. Suche alle **Prädikate** und unterstreiche sie.
2. Markiere das Wort, das einen Gliedsatz einleitet (die **Subjunktion**).
3. Unterstreiche den **gesamten Gliedsatz** in einer Farbe, den **Hauptsatz** in einer anderen.
4. Übersetze das Wort, das den Gliedsatz einleitet (die Subjunktion). Daran siehst du, was für eine **Information** der Gliedsatz enthält.
5. Übersetze den Hauptsatz, dann den Gliedsatz. Verschiebe dabei keine Wörter aus dem Hauptsatz in den Gliedsatz oder umgekehrt. Ausnahme: Lasse Eigennamen nicht als einzelne Wörter vor dem Gliedsatz stehen.

als[4] (→ *Zeitangabe*)

Dareius rex, cum[3] nobiles duces exercitus sui interfectos esse vidisset[1], fugit.[1]

Als der König Dareius gesehen hatte, dass die adligen Anführer seines Heeres getötet worden waren, floh er. (*Schreibe nicht:* Der König Dareius, als er …)

Wende die „Satzgefüge-Übersetzungs-Strategie" (**GÜS**) auf die folgenden Sätze an.
Schreibe die einzelnen Schritte auf ein eigenes Blatt, die fertig erarbeitete Übersetzung auf die Linien.

1. Cum pater Alexandri interfectus esset, alii matrem, alii Alexandrum id fecisse crediderunt.

2. Postquam pater de vita decessit, Alexander regnum tenebat, quamquam iuvenis erat.

3. Cum legati petivissent, ut milites in pugna capti redderentur, Alexander respondit: „Ubi bellum finitum erit, vobis omnes milites captos reddam."

4. Quod sacerdotes deos iratos esse crediderunt, alium virum in sede Alexandri posuerunt. Putabant enim: Si alius vir loco regis sedebit, dei huic, non regi dolorem afferent.

V1 Formen des unregelmäßigen Verbs ferre **erkennen**
V2 alle Verbformen **erkennen** und **unterscheiden**
V3 Infinitive **unterscheiden**
V4 Partizipien **unterscheiden**

V1 Das Verb **ferre** hat folgende Besonderheiten:

- unregelmäßige Stammformen: **ferre, fero, tuli, latum** (Präsensstamm: fer-, Perfektstamm: tul-),
- bei einigen Präsensformen finden sich keine Sprechvokale: fero, fers, fert, ferimus, fertis, ferunt,
- Imperativ: fer! ferte!

V2 Übersicht über alle **Verbformen**

Tempus		Ind.	Konj.	Aktiv	Passiv
Präsens	Präsens-stamm +		**e/ a**	o, s, t, mus, tis, nt	(o)r, ris, tur, mur, mini, ntur
Imperfekt	Präsens-stamm +	**ba/ eba**	(e)**re**	m, s, t, mus, tis, nt	r, ris, tur, mur, mini, ntur
Futur I	Präsens-stamm +	**a/e** *bzw.* **b/bi/bu**		o/m, s, t, mus, tis, nt	(o)r, ris, tur, mur, mini, ntur

Imperativ	Singular: **Präsensstamm** (bei Kons. Konj: +e)	Plural: **Präsensstamm +te** (bei Kons. Konj.: +i +te)

Tempus		Ind.	Konj.	Aktiv	Passiv		
Indikativ Perfekt	Perfekt-stamm +			i, isti, it, imus, istis, erunt	PPP	und	sum, es, est, sumus, estis, sunt
Konjunktiv Perfekt	Perfekt-stamm +		**eri**	m, s, t, mus, tis, nt	PPP	und	sim, sis, sit, simus, sitis, sint
Indikativ Plqupf.	Perfekt-stamm +	**era**		m, s, t, mus, tis ,nt	PPP	und	eram, eras, erat, eramus, eratis, erant
Konjunktiv Plqupf.	Perfekt-stamm +		**isse**	m, s, t, mus, tis ,nt	PPP	und	essem, esses, esset, essemus, essetis, essent
Futur II	Perfekt-stamm +	**eri**		o[1], s, t, mus, tis, nt	PPP	und	ero, eris, erit erimus, eritis, erunt

[1] Das i von eri verschmilzt mit dem Person-Zeichen zu -ero.

V3

Infinitiv			Zeitverhältnis
Präsens Aktiv **Passiv**	Präsensstamm + -(e)re + -ri/-i	ama-re, mitt-ere ama-ri, mitt-i	gleichzeitig
Perfekt Aktiv **Passiv**	Perfektstamm + -isse PPP und esse	amav-isse, mis-isse amatum esse, missum esse	vorzeitig

V4

Partizip			Zeitverhältnis
Präsens Aktiv (PPA)	Präsensstamm + -ns, -ntis	amans, amantis mittens, mittentis	gleichzeitig
Perfekt Passiv (PPP)	(4. Stammform)	amatus, amata, amatum missus, missa, missum	vorzeitig

WS

ferre	______	libertas	______
custodire	______	referre	______
perferre	______	imperium	______
regere	______	praeesse	______
prudentia	______	studium	______

V1

a Nenne die Stammformen und Bedeutungen des Verbs ferre.

Infinitiv	1. Sg. Präs.	1. Sg. Perf.	PPP	Bedeutungen
ferre				

b Konjugiere ferre.

	Präsens Ind. Aktiv	Perfekt Ind. Aktiv	Plqupf. Ind. Passiv
1. Sg.			
2. Sg.			
3. Sg.			
1. Pl.			
2. Pl.			
3. Pl.			

c Ordne die Bestimmungen aus dem Kasten den Verbformen zu:

lata sunt – ______ feratur – ______

ferent – ______ ferremus – ______

tulisset – ______ tuleratis – ______

> 3. Sg. Plqupf. Konj. Akt. – 3. Pl. Perfekt Ind. Pass. – 1. Pl. Imperfekt Konj. Akt. – 3. Pl. Futur I Akt. – 3. Sg. Präsens Konj. Pass. – 2. Pl. Plqupf. Ind. Akt.

d Bestimme und übersetze die Indikativ-Formen von ferre und seinen Komposita.

afferes: ______ – ______

referebam: ______ – ______

differtur: ______ – ______

effero: ______ – ______

relatum erat: ______ – ______

V2 **a** Jedes Wörterpaar besteht aus einer Verbform und einem Substantiv. Schreibe über beide Wörter ihre Grundform und kreise anschließend das Verb ein.

Tipp für alle folgenden Übungen: Arbeite konzentriert, beachte jeden einzelnen Buchstaben und überlege, wie das Wort in der Grundform aussieht.

vox *vocare* voces – (vocas)	liberatis – libertatis	regem – regam
fugae – fuge	victos – victor	custodem – custodirem
duce – duxi	impero – imperio	studia – studeam

b Die Stammformen der folgenden Verben bereiten manchmal Probleme. Setze die fehlenden Formen aus den Silben im Kasten zusammen.

Zwei Silben bleiben übrig. Welches Verb im Infinitiv kannst du daraus zusammensetzen? ____________

tangere			
		misi	
pellere			
			sublatum
	do		
cognoscere			

co – cog – cog – cog – da – da – de – di – gi – go – le – le – li – li – lo – lo – mis – mit – mit – ni – no – nos – pe – pel – pu – pul – re – re – re – sum – sum – sus – tac – tan – te – te – ti – to – tol – tol – tu – tum – tum – tum – vel – vi

c Von welchem Infinitiv kommt die Verbform?
Streiche die falschen Infinitive durch.

Informiere dich über die Stammformen.

	kommt vom Infinitiv:		
laeserunt	legere	laedere	ludere
cesseram	cadere	cedere	cessare
crevit	credere	crescere	currere
vicimus	vincere	vivere	vocare
pulsus	putare	pellere	pugnare
ceperim	cedere	cupere	capere
eo	ire	esse	edere
motum	mutare	movere	monere

V3 Diese Übung enthält Verben, die auch in den Übungen **V2** a, b und c vorkommen.
Hier sind die Verbformen mit anderen Wortarten gemischt. Markiere alle Verbformen und sortiere sie dann in die Tabelle ein.

acie – cadas – cedere – capiti – ceperim – certe – cessisse – comites – credi – deo – este – fortis – fuisset – fures – generis – interim – iudicis – miseramus – miseri – mone – onere – pedes – pellite – perge – primo – pugno – putarem – reddes – rumpere – scelere – soror – subito – testem – uxor – vincor

Indikativ	Konjunktiv	Infinitiv	Imperativ

V4 **a** Trage in das Kreuzworträtsel die PPP der angegebenen Infinitive ein, z. B. zu capere → captum.

Waagerecht:
4. interficere
7. condere
9. mittere
10. vincere
11. pellere

senkrecht:
1. ducere
2. facere
3. vertere
5. eripere
6. ferre
7. claudere
8. dare

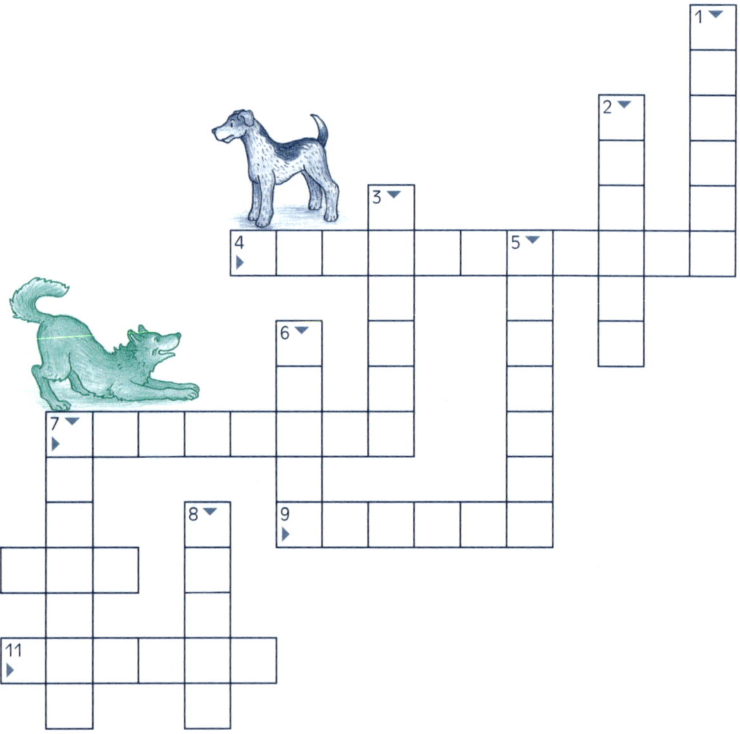

b Suche aus den folgenden Verbformen alle PPA heraus. (Sie stehen in verschiedenen Kasus.) Die kursiv gedruckten Buchstaben ergeben ein weiteres PPA:

___ ___ ___ ___ ___ ___ ___ ___ ___ ___

cu*r*rentibus – conten*d*i – *c*lemens – ad*e*untes – cu*s*todientes – *m*entis – *p*raesenti – m*o*ntibus – *i*ntellegens – fa*c*ientem – abst*i*nentium – pru*d*entiam – mo*v*ens – sen*t*entiae – omni*u*m – doce*n*tes – quie*s*centium

S1 den Ablativus absolutus (Abl. abs.) mit PPP **erkennen** und **übersetzen**
S2 die Konstruktionen Abl. abs. und PC **unterscheiden**
N1 den Dativ des Zwecks und Vorteils **erkennen** und **übersetzen**

S1 Der **Ablativus absolutus** ist eine ähnliche Konstruktion wie das Participium coniunctum, aber beim Abl. abs. stehen das **PPP** und sein Bezugswort **im Ablativ**:

Bsp.: [Urbe a Romulo et Remo **condita**] multi homines eo convenerunt.

Auch beim Abl. abs. gibt es folgende dir bekannten Übersetzungsmöglichkeiten:

mit einem eigenen **Hauptsatz**	(ergänze: *und dann, und daher, und deshalb*)	1. Die Stadt **war** von Romulus und Remus **gegründet worden und dann** kamen dort viele Menschen
mit einem **Gliedsatz**	*temporal (als, nachdem), kausal (weil), konzessiv (obwohl), modal (indem, wie)*	2. **Nachdem** die Stadt von Romulus und Remus **gegründet worden war**, kamen dort viele Menschen zusammen
mit einer **präpositionalen Verbindung**	*Präposition + Substantiv*	3. **Nach Gründung** der Stadt durch Romulus und Remus kamen dort viele Menschen zusammen.

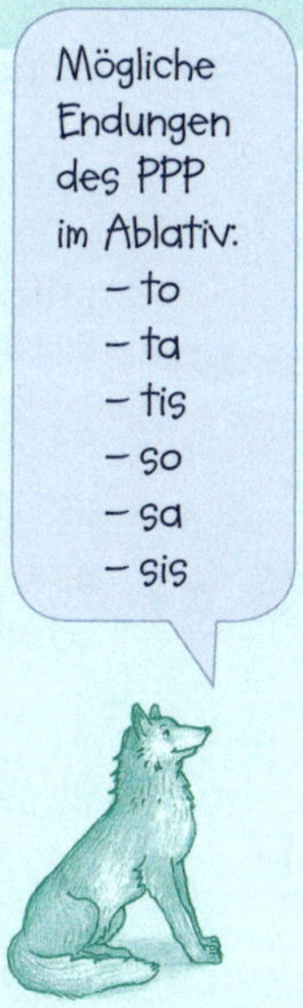

S2 Die Konstruktion des Abl. abs. ist grammatikalisch „losgelöst" vom Satz (**absolutus** = losgelöst), die des PC „verbunden" (**coniunctum** = verbunden).
Beim PC ist das Bezugswort ein Satzglied, beim Abl. abs. nicht. Deshalb kann man das Partizip des Abl. abs. nicht mit deutschem Partizip oder Relativsatz übersetzen.

Bsp.: PC	**Urbs**	[a Romulo	**condita**]	ad Tiberim	sita est.
	Nom. = Subjekt		PPP (PC)		Prädikat
	die Stadt war … gegründet worden – (die Stadt) lag am Tiber				
Bsp.: Abl. abs.	[**Urbe**	a Romulo	**condita**]	multi homines	eo convenerunt.
	Abl.		PPP	Nom. = Subjekt	Prädikat
	die Stadt war … gegründet worden – viele Menschen kamen dort zusammen				

N1 Im Lateinischen kann der Dativ auch einen Zweck (*Wozu?*) zum Ausdruck bringen:
Dativ des Zwecks (Dativus finalis)

Bsp.: Amicus auxilio venit. — Der Freund kam zu Hilfe. (*Wozu?* → zu Hilfe)

Dieser Dativ kommt nur in bestimmten Wendungen (meist mit esse) vor:

auxilio venire, arcessere, mittere:	zu Hilfe kommen, holen, schicken
admirationi /odio / invidiae esse:	bewundert werden / verhasst sein / beneidet werden („zur Bewunderung / Hass / Neid sein")
curae esse	Sorge bereiten („zur Sorge sein")

Dabei wird in der Regel auch angegeben, für wen etwas geschieht. Diesen Dativ nennt man **Dativ des Vorteils** (*Für wen? Wem?*) (Dativus commodi).

Bsp.: Amicus nobis auxilio venit. — Der Freund kam uns zu Hilfe.
Amicis admirationi sum. — („Ich bin den Freunden zur Bewunderung.") – Ich werde von den Freunden bewundert.

WS

rapere	______	adesse	______
impetus	______	pugna	______
princeps	______	putare	______
admiratio	______	odium	______
affirmare	______	senectus	______

S1

a -to, -ta, -tis / -so, -sa, -sis – so endet ein PPP im Ablativ! Unterstreiche jeweils das PPP im Ablativ und schreibe den Infinitiv darüber.

montis – <u>monitis</u> (*monere*)	capita – cognita	convocato – coniuratio
incendio – incenso	deleto – dextro	missis – mentis
terroris – territis	laeto – laeso	superata – superba

b Wähle das jeweils passende Bezugswort aus der Klammer aus und übersetze den Abl. abs. in dem vorgegebenen Satz. Denke daran: Das Bezugswort muss auch im Ablativ stehen und PPP und Bezugswort stimmen auch in Numerus und Genus überein (KNG-Kongruenz).

1. ______ deleta (urbe – hostes – impetu)

Nachdem ______, zogen die Feinde weiter.

2. ______ dato (libertatem – amicis – auxilio)

Weil ______, konnten die Freunde sich befreien.

3. ______ perterritis (mater – sociis – quietem)

Weil ______, gerieten auch wir in Panik.

4. ______ a piratis capta (patre – mihi – nave)

Als ______, stürzten wir uns ins Meer.

5. ______ ex pernicie servatis (hominibus – deos – sacrificari)

Weil ______, wurde den Göttern geopfert.

c In den folgenden Sätzen steht ein Abl. abs. mit PPP. Gehe folgendermaßen vor:

- Unterstreiche das PPP und sein Bezugswort.
- Setze eine Klammer vor das Bezugswort und hinter das PPP.
- Übersetze den Abl.abs. mit einem Gliedsatz in der ersten Zeile, den weiteren Satz in der zweiten Zeile.

[Didone in Carthagine relicta] Aeneas in Italiam pervenit.

Nachdem Dido in Karthago zurückgelassen worden war, gelangte Aeneas nach Italien.

1. Adventu hostium nuntiato imperator cum exercitu castra reliquit.

Abl. abs.: ______________________________

Satz: ______________________________

2. Hostibus crudeli pugna victis imperator principes civitatis convenit.

Abl. abs.: ______________________________

Satz: ______________________________

3. Caesare a senatoribus interfecto Antonius magnum oratorem se praebuit.

Abl. abs.: ______________________________

Satz: ______________________________

4. Hac re prima luce nuntiata consul statim senatum in curiam convocavit.

Abl. abs.: ______________________________

Satz: ______________________________

d Übersetze die Sätze aus S1 c mit einem eigenen Hauptsatz.

Dido war in Karthago zurückgelassen worden und daraufhin gelangte Aeneas nach Italien.

1. ______________________________

____

2. ______________________________

____

3. ______________________________

____

4. ______________________________

____

e Kreuze die Sinnrichtung des Abl. abs. an: temporal, kausal, konzessiv? Übersetze dazu die Sätze mündlich und überlege, welcher Zusammenhang zwischen Abl. abs. und dem restlichen Satz besteht.

	temporal (*als, nachdem*)	kausal (*weil, da*)	konzessiv (*obwohl*)
1. Morte imperatoris nuntiata milites se in castra receperunt.			
2. Troia a Graecis deleta Aeneas in Italiam venit.			
3. Bello finito hostes iterum impetum fecerunt.			
4. Auxilio misso tandem e periculis servata sum.			
5. Flavia a piratis abducta Quintus maestus erat.			
6. Urbe condita multa templa exstructa sunt.			

S2

PC oder Abl. abs.? Achte auf den Kasus. Überlege auch, in welchem der beiden Sätze das Bezugswort des Partizips ein Satzglied ist. Setze die Klammern und übersetze.

1. Helena a Paride rapta Graeci Troiam oppugaverunt. PC ☐ Abl. abs. ☐
   Menelaus Helenam a Paride raptam secum in patriam reduxit. PC ☐ Abl. abs. ☐

____

____

2. In urbe ab hostibus deleta omnes valde flebant. PC ☐ Abl.abs. ☐
   Urbe ab hostibus deleta homines fugerunt. PC ☐ Abl.abs. ☐

____

____

N1

Unterstreiche in folgenden Sätzen die Dative des Zwecks und des Vorteils mit verschiedenen Farben und übersetze die Sätze.

1. Multis civibus Caesar admirationi fuit, quod urbi magno usui erat, multis autem odio fuit, quod eum regnum petere putaverunt.

____

____

2. Cum mater paterque mihi magnae curae sint, saepe eis adsum, ne senectus eis dolori sit.

____

____

3. Urbs e pernicie servata est. Id consuli honori fuit. Cives eum saluti rei publicae semper fuisse affirmaverunt.

____

____

S1 den Ablativus absolutus (Abl. abs.) mit PPA **erkennen** und **übersetzen**
S2 Abl. abs. mit PPP und Abl. abs. mit PPA **unterscheiden**
S3 die Konstruktionen Abl. abs. und PC mit PPA **unterscheiden**
S4 Abl. abs. in nominalen Wendungen **erkennen** und **übersetzen**

S1 Im **Ablativus absolutus** kann statt eines PPP auch ein PPA stehen.
Die Übersetzungsmöglichkeiten sind die bereits für den Abl. abs. bekannten:

Bsp.: [Remo muros parvos **irridente**] Romulus gladium comprehendit.

mit einem eigenen **Hauptsatz**	(ergänze: *und dann, und daher, und deshalb, und währenddessen*)	1. Remus **verspottete** die kleinen Mauern **und deshalb** nahm Romulus sein Schwert.
mit einem **Gliedsatz**	*temporal (als, nachdem), kausal (weil), konzessiv (obwohl), modal (indem, wie)*	2. **Weil** Remus die kleinen Mauern **verspottete**, nahm Romulus sein Schwert.
mit einer **präpositionalen Verbindung** (passt nur in wenigen Fällen gut)	*Präposition + Substantiv*	3. **Wegen des Spotts** von Remus über die kleinen Mauern nahm Romulus sein Schwert.

Mögliche Endungen des PPA im Ablativ:
-nte
-ntibus

S2

Abl. abs.	**PPP**: vorzeitig und passiv	**PPA**: gleichzeitig und aktiv
	[Didone ab Aenea **relicta**] Carthaginienses maesti erant.	[Aenea Didonem **relinquente**] dea amoris flevit.
	Nachdem Dido von Aeneas **verlassen worden war**, waren die Karthager traurig.	Als Aeneas Dido **verließ**, weinte die Göttin der Liebe.

S3 Die Konstruktion des Abl. abs. ist „losgelöst“, die des PC „verbunden“.
Beim PC ist das Bezugswort ein Satzglied, beim Abl. abs. nicht. Deshalb kann man das Partizip des Abl. abs. nicht mit deutschem Partizip oder Relativsatz übersetzen.

Bsp.: PC	**Hostes**	[urbem	**petentes**]	imperator	arcuit.
	Akk.-Objekt		PPA (PC)	Subjekt	Prädikat

die Feinde griffen die Stadt an – der Feldherr wehrte die Feinde ab
Der Feldherr wehrte die Feinde ab, als sie die Stadt angriffen.

Bsp.: Abl. abs.	[**Hostibus**	urbem	**petentibus**]	homines	fugerunt.
	Abl.		PPA (abs.)	Subjekt	Prädikat

die Feinde griffen die Stadt an – die Menschen flohen
Weil die Feinde die Stadt angriffen, flohen die Menschen.

S4 Beim Abl. abs. in nominalen Wendungen steht statt des Partizips die Form eines Nomens im Ablativ:

Abl. abs. mit Partizip	Abl. abs. in nominaler Wendung
Romulo regnante	Romulo **rege**
Als Romulus herrschte …	Unter der Königsherrschaft des Romulus …

WS

appropinquare ____________________ defendere ____________________

sacrificare ____________________ ardere ____________________

populus ____________________ servitus ____________________

crescere ____________________ gerere ____________________

inimicus ____________________ nuntius ____________________

S1

a -nte/-ntibus – so endet ein PPA im Ablativ! Unterstreiche jeweils das PPA im Ablativ und schreibe den Infinitiv darüber.

suadere suadente – sorore	fugae – fugiente	circumstantibus – circumstate
iudicante – iudicibus	petentibus – petitis	adversario – animadvertente
studio – studente	crescente – cottidie	custodientibus – cupiditate
occidente – occiso	victoribus – vertentibus	pugnantibus – pugnatis

b Streiche die nicht als Bezugswort passenden Wörter weg und übersetze den Abl. abs. in dem vorgegebenen Satz.

Denke daran: Das Bezugswort muss auch im Ablativ stehen und PPA und Bezugswort stimmen ebenfalls in Numerus und Genus überein.

1. (portis – hospitibus – hostis) appropinquantibus …

Als ____________________, ging der Hausherr zur Tür.

2. (sacerdote – deo – sacerdotem) deis sacrificante …

Während ____________________, schwiegen alle.

3. (ardore – artibus – villa) ardente …

Weil ____________________, kam die Feuerwehr.

4. (servis – servitute – servo) cito accurrentibus …

Weil ____________________, freut sich der Herr.

5. (agro – amico – aetate) nihil agente …

Während ____________________, arbeite ich fleißig.

6. (urbe – milite – omnibus) oppidum defendentibus …

Obwohl ____________________, siegten die Feinde.

c In den folgenden Sätzen steht ein Abl. abs. mit PPA. Gehe folgendermaßen vor:

- Unterstreiche das PPA und sein Bezugswort.
- Setze eine Klammer vor das Bezugswort und hinter das PPA.
- Übersetze den Abl. abs. mit einem Gliedsatz in der ersten Zeile, den weiteren Satz in der zweiten Zeile.

[Ulixe per maria errante] Penelopa uxor in insula Ithaka sedebat.

Während Odysseus über die Meere irrte, saß seine Frau Penelope auf der Insel Ithaka.

1. Urbe Roma ardente Nero imperator carmina cantabat.

Abl. abs.: ______

Satz: ______

2. Urbe Roma cito crescente alii populi Romanos timere coeperunt.

Abl. abs.: ______

Satz: ______

3. Vobis epistulas scribentibus nos ludimus.

Abl. abs.: ______

Satz: ______

4. Patrono reum pulchris verbis defendente iudices riserunt.

Abl. abs.: ______

Satz: ______

d Übersetze die Sätze aus S1 c mit einem eigenen Hauptsatz.

Odysseus irrte über die Meere und währenddessen saß seine Frau auf der Insel Ithaka.

1. ______

______

2. ______

______

3. ______

______

4. ______

______

S2

Ermittele und korrigiere die **Fehler** in den folgenden Übersetzungen. Achte darauf, ob es sich um ein PPP (→ vorzeitig, passiv) oder ein PPA (→ gleichzeitig, aktiv) handelt.

Denke an die möglichen Endungen der Partizipien.

1. Multis resistentibus urbs capi non potest. –
Weil von vielen Widerstand geleistet worden ist, kann die Stadt nicht erobert werden.

____

____

2. Reo ab iudice damnato patronus maestus fuit. –
Während der Richter den Angeklagten verurteilte, war der Anwalt traurig.

____

____

S3

In welcher Konstruktion steht das PPA – im PC oder Abl. abs.? Achte auf den Kasus. Überlege auch, in welchem der beiden Sätze das Bezugswort des Partizips ein Satzglied ist. Setze die Klammern und übersetze.

Kreuze an:

1. Ante villam canem equos custodientem video. PC ☐ Abl. abs. ☐
Cane equos custodiente viri asinos capiunt. PC ☐ Abl. abs. ☐

____

____

2. Piratis aurum postulantibus homines capti nuntium Romam miserunt. PC ☐ Abl. abs. ☐
Piratis aurum postulantibus senatus nihil dedit. PC ☐ Abl. abs. ☐

____

____

S4

Setze die Klammer um den Abl. abs. in nominaler Wendung und übersetze.

1. Cicerone consule nonnulli homines coniurationem fecerunt. ______________________________

____

2. Caesare et Bibulo consulibus bellum in Italia gestum non est. ______________________________

____

3. Parentibus vivis saepe villam ad Tiberim sitam petivimus. ______________________________

____

4. Caesare mortuo Cicero ab inimicis interfectus est. ______________________________

____

S1 Partizip-Konstruktion Ablativus absolutus **erkennen** und **übersetzen**

N1 Demonstrativ-Pronomen ipse, ipsa, ipsum **erkennen** und **übersetzen**

S1 Die Partizip-Konstruktion Ablativus absolutus (Abl. abs.)

- gibt eine vom restlichen Satz losgelöste (absolutus – losgelöst) Aussage und
- besteht aus einem Partizip und einem Nomen (in einigen Wendungen zwei Nomen), die beide **im Ablativ** stehen, in Numerus und Genus kongruieren und durch weitere Wörter (z. B. Objekt, Attribut) erweitert sein können.

Übersicht über die Ablativ-Endungen:

	o-Dekl.	a-Dekl.	Kons. Dekl.	e-Dekl.	u-Dekl.	PPP	PPA
Sg.	-o	-a	-e	-e	-u	-to,-ta,-so, -sa	-nte
Pl.	-is	-is	-ibus	-ebus	-ibus	-tis, -sis	-ntibus

Das Partizip ist das

Partizip Präsens Aktiv (PPA) oder das **Partizip Perfekt Passiv** (PPP).

→ **gleichzeitig und aktiv**

Bsp. [Remo muros parvos **irridente**]
Romulus gladium sumpsit.

→ **vorzeitig und passiv**

[Urbe a Romulo et Remo **condita**]
multi homines eo convenerunt.

Übersetzungsmöglichkeiten am Beispiel

mit eigenem **Hauptsatz**	Remus **verspottete** die kleinen Mauern **und deshalb** nahm Romulus sein Schwert.	**Die Stadt war** von Romulus und Remus **gegründet worden und dann** kamen dort viele Menschen zusammen.
mit **Gliedsatz**	**Weil** Remus die kleinen Mauern verspottete, nahm Romulus sein Schwert.	**Nachdem die Stadt** von Romulus und Remus **gegründet worden war**, kamen dort viele Menschen zusammen
mit **präpositionaler Verbindung**	**Wegen des Spotts** von Remus über die kleinen Mauern nahm Romulus sein Schwert.	**Nach Gründung der Stadt** durch Romulus und Remus kamen dort viele Menschen zusammen.

Beispiel für einen Abl. abs. mit zwei Nomen (als nominale Wendung):

Augusto imperatore – unter dem Kaiser Augustus

N1 Das **Demonstrativ-Pronomen** ipse, ipsa, ipsum bedeutet „selbst". Es hebt eine Person oder einen Begriff besonders stark hervor.

Dominus **ipse** hoc fecit. – Der Herr **selbst** hat das getan (kein anderer).
Der Herr **(höchst)persönlich** ...

Eo **ipso** tempore te vidi. – Zu **genau** diesem Zeitpunkt habe ich dich gesehen.

	Singular		
	m.	f.	n.
Nom.	ipse	ipsa	ipsum
Gen.	ipsius	ipsius	ipsius
Dat.	ipsi	ipsi	ipsi
Akk.	ipsum	ipsam	ipsum
Abl.	ipso	ipsa	ipso

	Plural		
	m.	f.	n.
Nom.	ipsi	ipsae	ipsa
Gen.	ipsorum	ipsarum	ipsorum
Dat.	ipsis	ipsis	ipsis
Akk.	ipsos	ipsas	ipsa
Abl.	ipsis	ipsis	ipsis

WS

abducere	__________	sors	__________
manus	__________	afferre	__________
invadere	__________	solus	__________
pax	__________	interficere	__________
natus	__________	mensis	__________

S1

a Markiere alle Substantive, die im Ablativ stehen; verwende für Sg. und Pl. (je 10) verschiedene Farben.

admiratione – adulescens – adventu – adversariis – aspectus – auctore – auxilio – captivis – castra – criminibus – custodibus – divitiis – exercitibus – fama – hostibus – ignis – ingenium – legionibus – morbo – pace – parte – poena – pulchritudo – ratio – rebus – sociis – sorore – turris

b Auch ein Pronomen kann zusammen mit einem Partizip den Abl. abs. bilden.
Trage zunächst die Übersetzung der Pronomina ein und ordne ihnen dann die Pronomen im Ablativ aus dem Kasten zu.

~~me~~ – ~~his~~ – nobis – illa – hoc – eo – vobis – ea – illis – eo – illo – te – hoc – eis – illo – hac

Personal-Pronomen

ego	tu	is	ea	id	nos	vos	ei, eae, ea
ich							
me							

Demonstrativ-Pronomen

hic	haec	hoc	hi, hae, haec	ille	illa	illud	illi, illae, illa
			diese				
			his				

c Markiere die zehn Partizipien im Ablativ.

affirmantibus – clausis – convocato – gestis – horto – lato – maritis – missa – orantibus – perterriti – petentibus – porta – prohibente – recitantes – rogante – saeviens – susceptum – ventus – vita

d Das sind PPA der Komposita von **esse** und **ire**. Schreibe die Infinitive dazu.

redeunte – *redire* praesentibus – __________ abeuntibus – __________

absente – __________ ineunte – __________ exeuntibus – __________

e Ergänze die fehlenden Wörter.

Ein PPA ist ___ ___ ___ ___ ___ ___ zeitig und ___ ___ ___ iv,

ein PPP ist ___ ___ ___ zeitig und ___ ___ ___ ___ iv.

f Übersetze die Sätze. Setze die Klammer um jeden Abl. abs. und beachte, dass in einem ein PPA, im anderen ein PPP steht.

1. Legato de clade referente imperator Augustus perterritus stabat.
   Nuntio de clade allato imperator manus ad caelum tetendit.

2. Troianis equum in oppidum trahentibus milites Graecorum tacentes in eo sedebant.
   Equo in oppidum tracto Troiani bellum finitum esse putaverunt.

g In folgenden Sätzen bildet ein Pronomen zusammen mit einem Partizip den Abl. abs.
Beachte bei der Übersetzung, dass das Pronomen zum Subjekt wird. Setze die Klammern und übersetze.

1. Vobis a piratis abductis diu nihil de vestra sorte audivimus.

2. Te ex urbe fugiente hostes invaserunt multosque cives necaverunt.

3. Romulus primus rex Romanorum fuit. Eo regente urbs cito crevit.

4. Me ab omnibus amicis relicta in deis omnis spes posita est.

h Setze die Klammer um den Abl. abs. und übersetze mit allen drei Möglichkeiten.

1. Sole occidente homines domum redierunt.

Hauptsatz: ______________________________

____

Gliedsatz: ______________________________

____

präpositionale Wendung: ______________________________

____

2. Hoc bello celeriter finito omnes valde gaudebant.

Hauptsatz: ______________________________

____

Gliedsatz: ______________________________

____

präpositionale Wendung: ______________________________

____

N1 Unterstreiche die Form von ipse und das zugehörige Bezugswort.
Überlege dir für die Übersetzung einen passenden Ausdruck.

1. Imperator milites in castra reduxit. Ipse ducem hostium convenit, ut de pace ageret.

____

____

2. Tertius* anni mensis a deo Marte appellatus est. Eo ipso mense Caesarem interfectum esse scimus.

____

____

____

*tertius, -a, -um: der/die/das dritte

3. Seneca philosophus neminem ad servitutem natum esse scribit. Id ipsum etiam ego saepe dixi.

____

____

Ü6 Wiederhole die **Strategie beim Übersetzen eines Textes** (**TÜS**).

1. **Lies** den **Text ganz** und **in Ruhe** durch, vom ersten bis zum letzten Wort.
2. Suche vor dem Übersetzen heraus: **Welche Personen** kommen vor? Welche davon sind die handelnden Personen? **Wo** spielt die Geschichte?
3. **Gliedere** den Text, indem du auf besondere Kennzeichen achtest, z. B. auf die **Abfolge der Personen**: Wer handelt in diesem Abschnitt, wer im folgenden?
4. **Übersetze** nun Satz für Satz mit der **SÜS**. **Prüfe** am Ende genau, ob du ein Wort oder einen Satz übersehen hast, und gib dich erst dann zufrieden, wenn deine gesamte Übersetzung eine **sinnvolle Aussage** ergibt.

Herkules und Cacus (*nach Vergil*)

Auctores Romanorum tradiderunt Herculem, Iovis filium, cum grege[1] boum[2] ad Tiberim venisse et ibi quievisse. In eis locis Cacus vixit, monstrum[3] ingentibus viribus corporis, cui pater Vulcanus erat. Hercule dormiente ille appropinquavit. Cum boves pulchros vidisset, eos rapere constituit. Hoc ut perficeret, dolum adhibuit: Nonnullos boves[2] cauda[4] in speluncam[5] suam traxit, ut Hercules boves[2] amissos quaerens putaret eos e spelunca[5] exisse, non inisse. Hercules e somno excitatus statim vidit nonnullos boves[2] abesse et discessit, ut eos quaereret. Sed boves[2] in spelunca[5] in-clusos non invenisset, nisi ei, cum dominum prope[6] speluncam[5] esse sentirent, mugivissent[7]. Vocibus eorum auditis Hercules speluncam[5] petivit. Caco monstro acriter pugnante Hercules victor discessit et fure interfecto boves[2] suos reduxit.

[1]grex, gregis: die Herde (Vieh) [2]bos, bovis, Gen. Pl.: boum: das Rind [3]monstrum: das Ungeheuer, „Monster" [4]cauda: Schwanz [5]spelunca: Höhle [6]prope (+Akk.): in der Nähe von [7]mugire, mugio, mugivi, mugitum: brüllen
Eigennamen im Text: Hercules, -is m.: Herkules Iovis: Gen. zu Iuppiter Tiber, -is m.: der (Fluss) Tiber Cacus m.: (Eigenname) Vulcanus: Vulkanus, röm. Gott des Feuers

1. Hast du den Text von Anfang bis Ende durchgelesen? Ja ☐

2. Schreibe alle Personen heraus, die vorkommen: ______________________________

____

- Unterstreiche die hier handelnden Personen. Du findest sie heraus, wenn du darauf achtest, ob sie z. B. Subjekt sind.
- Schreibe heraus, wo die Geschichte spielt. Nenne den Ort (lateinisch) aus dem Text (mit Zeilenzahl) und übersetze:

____

____

3. Gehe Satz für Satz durch und stelle fest, wer jeweils die handelnde Person ist. Achte auf die Verbform und ermittle, ob ein Subjekt dazu in einem eigenen Wort (Name, Substantiv, Pronomen) genannt ist. Notiere die Person am Rand.

4. Nimm ein eigenes Blatt und übersetze den Text.

Ü7 Übersetze Satz für Satz und wende dabei folgende Zusammenfassung der Übersetzungs-Strategien an:

1. Suche alle **Verbformen** und unterstreiche sie. Suche aus diesen Verbformen die **Prädikate** heraus und unterstreiche sie doppelt. Übersetze die Prädikate.
2. Suche das **Subjekt**: Ist es genannt oder im Prädikat enthalten? Übersetze es.
3. Überlege: Welche weiteren **Ergänzungen** ergeben sich vom Satzkern aus? Dies können einzelne Wörter oder Gliedsätze und Konstruktionen sein.
4. Bestimme die restlichen Wörter und kläre ihre Funktion.
5. Wende die weiteren Strategien an, je nachdem, was in dem Satz vorhanden ist:

Satzgefüge → GÜS	Konstruktionen → KÜS	
ERKENNEN **Subjunktion**? ÜBERSETZEN Strategie in **Ü9** (Curriculum 1, S. 57)	ERKENNEN **Infinitiv**? ÜBERSETZEN Strategie in **Ü11** (Curriculum 1, S. 75f.) und in **Ü3** (Curriculum 2, S. 39f.)	ERKENNEN **Partizip** ohne Form von esse? ÜBERSETZEN Strategie in **Ü5** (Curriculum 1, S. 39)

Die Schritte am Beispiel des ersten Satzes von „Hercules und Cacus":

Die Schriftsteller *sie haben überliefert*

Auctores[2] Romanorum $_1$ tradiderunt [Herculem, Iovis filium, cum grege boum ad Tiberim $_1$venisse et ibi $_1$quievisse].

[3] WAS haben sie überliefert? → ?

[4] Romanorum: Gen.Pl. wessen? bezieht sich auf auctores – der Römer

[5] Infinitive, Nomen im Akk. und AcI-Verb vorhanden → [AcI-Klammer] setzen / Infinitivform: Ind.Perf.Akt.
→ aktiv, vorzeitig

Die Schriftsteller der Römer haben überliefert, dass Herkules … gekommen ist und … geruht hat.

[3] WOHIN ist er gekommen? → ad Tiberim: zum Tiber /
WO hat er geruht? → ibi: dort /
MIT WEM ist er gekommen? → cum grege boum: mit einer Herde von Rindern

[4] Iovis filium – bezieht sich auf Hercules: Sohn des Jupiter

Übersetzung:

Die Schriftsteller der Römer haben überliefert, dass Herkules, der Sohn des Jupiter, mit einer Herde von Rindern zum Tiber gekommen ist und dort geruht hat.

Lektion 21

S.6 N1 N2

Die drei Substantive der e-Deklination sind: res, rei f. / spes, spei f. / fides, fidei f.

	Sg.	Pl.	Sg.	Pl.
Nom.	res	res	spes	spes
Gen.	rei	rerum	spei	sperum
Dat.	rei	rebus	spei	spebus
Akk.	rem	res	spem	spes
Abl.	re	rebus	spe	spebus

N3

a

o-Dekl.		a-Dekl.	Kons. Dekl.	e-Dekl.
m.	n.			
avus	caelum	cura	eques	fides
cibus	imperium	dea	fraus	res
focus	oppidum	fabula	labor	spes
numerus	pretium	filia	rex	
vir	saxum	lacrima	sors	

S.7

b

	Nom. Sg., Gen. Sg.	o-Dekl.	a-Dekl.	Kons. Dekl.	e-Dekl.
fraudum	fraus, fraudis			✗	
muris	murus, muri	✗			
rem	res, rei				✗
oppidum	oppidum, oppidi	✗			
verba	verbum, verbi	✗		✗	
civibus	civis, civis			✗	
fidei	fides, fidei				✗
sapientiam	sapientia, sapientiae		✗		
litora	litus, litoris			✗	
spe	spes, spei				✗
vias	via, viae		✗		

N4

a temporum – Gen. Pl.
sortem – Akk. Sg.
voces – Nom. Pl./ Akk. Pl.
oculis – Dat. Pl. / Abl. Pl.
nocte – Abl. Sg.
uxori – Dat. Sg.
corpora – Nom. Pl./ Akk. Pl.
navibus – Dat. Pl. / Abl. Pl.
urbs – Nom. Sg.
servi – Gen. Sg.

b Wenn eine Substantivform auf -es endet, kann es sein:
- Nom. Pl. m./f. der Kons. Dekl.,
- Nom. Sg. der e-Dekl.,
- Akk. Pl. der e-Dekl.
- Akk.Pl. m./f. der Kons. Dekl.,
- Nom. Pl. der e-Dekl.,

Wenn eine Substantivform auf -a endet, kann es sein:
- Nom. Sg. der a-Dekl.,
- Nom. Pl. n. der o-Dekl.,
- Nom. Pl. n. der Kons. Dekl.,
- Abl. Sg. der a-Dekl.,
- Akk. Pl. n. der o-Dekl.,
- Akk. Pl. n. der Kons. Dekl.

S.8

c

	Nom. Sg.	Gen. Sg.	Stamm	Dekl.	Bestimmung: Kasus, Numerus						
honorem	honor	honoris	honor-	Kons.	Nom.	Gen.	Dat.	Akk.	Abl.	Sg.	Pl.
equites	eques	equitis	equit-	Kons.	Nom.	Gen.	Dat.	Akk.	Abl.	Sg.	Pl.
nuntiis	nuntius	nuntii	nunti-	o	Nom.	Gen.	Dat.	Akk.	Abl.	Sg.	Pl.
rebus	res	rei	re-	e	Nom.	Gen.	Dat.	Akk.	Abl.	Sg.	Pl.
salute	salus	salutis	salut-	Kons.	Nom.	Gen.	Dat.	Akk.	Abl.	Sg.	Pl.
spei	spes	spei	spe-	e	Nom.	Gen.	Dat.	Akk.	Abl.	Sg.	Pl.
civitatum	civitas	civitatis	civitat-	Kons.	Nom.	Gen.	Dat.	Akk.	Abl.	Sg.	Pl.
itineri	iter	itineris	itiner-	Kons.	Nom.	Gen.	Dat.	Akk.	Abl.	Sg.	Pl.

S.8 N5

a 1. ein sehr kräftiger Mann (f) – 2. ein hochherziger Mensch (i) – 3. eine sehr weise Frau (d) – 4. ein zehnjähriges Mädchen (e) – 5. ein höchst angesehener Bürger (s)
Lösungswort: fides, fidei f.

b 1. Mein Bruder ist ein Mann mit großem Herzen / großherziger Mann.
2. Die Tochter des Konsuls ist ein Mädchen von zehn Jahren / zehnjähriges Mädchen.
3. Im Landhaus meines Großvaters leben viele Sklaven von großer Körperkraft / sehr kräftige Sklaven.

Lektion 22

S.10 N1

a

	Singular			Plural		
	m.	f.	n.	m.	f.	n.
Nom.	hic	haec	hoc	hi	hae	haec
Gen.	huius	huius	huius	horum	harum	horum
Dat.	huic	huic	huic	his	his	his
Akk.	hunc	hanc	hoc	hos	has	haec
Abl.	hoc	hac	hoc	his	his	his

b huic oratori (Dat. Sg.) – diesem Redner; haec tempora (Nom./Akk. Pl.) – diese Zeiten; hac voce (Abl. Sg.) – mit dieser/durch diese Stimme; his provinciis (Dat./Abl. Pl.) – (in) diesen Provinzen

c huius – eius; hos – eos; hanc – eam; haec – ea; hic – is; horum – eorum; hac – ea; huic – ei; hunc – eum

S.11 N2

a Personal-Pronomen – stellvertretend für eine Person,
Bsp: eos, nos, eius, eis, id, tibi, vobis, mecum
Possessiv-Pronomen – besitzanzeigend,
Bsp.: meus, nostrum, vestrae, suos, eius
Reflexiv-Pronomen – rückbezüglich,
Bsp.: se, sibi, secum
Relativ-Pronomen – Bezug auf ein Nomen im übergeordneten Satz,
Bsp.: quibus, quam, quod, quorum
Demonstrativ-Pronomen – hinweisend,
Bsp.: has, hunc, huius; id, eius, eis, eos

Die Formen von is, ea, id sind das Personal-Pronomen der 3. Sg. und Pl.

eius: Possesiv-Pronomen der 3. Sg., wenn der Besitzer nicht Subjekt des Satzes ist.

b 1. In libro[1], quem (Rel.-Pron.) pater mihi (Pers.-Pron.) dederat, de rege Priamo et filiis eius (Poss.-Pron.) legi.
2. Pater hunc (Dem.-Pron.) librum[1] sibi (Refl.-Pron. / reflexives Pers.-Pron.) valde placuisse dixit.
3. Rogavit: „Et tibi (Pers.-Pron.) placuit liber[1] meus (Poss.-Pron.)?"

4. Respondi: „Valde placuit.
5. Libenter de Paride legi, <u>qui</u> (Rel.-Pron.) Helenam amavit.
6. Urbem Troiam, in <u>quam</u> (Rel.-Pron.) Paris <u>eam</u> (Pers.-Pron.) <u>secum</u> (Refl.-Pron. / reflexives Pers.-Pron.) abduxit, nondum vidi.
7. Quando <u>mecum</u> (Pers.-Pron.) Troiam navigabis?
8. <u>Eam</u> (Dem.-Pron.) urbem videre volo."

Übersetzung: 1. Im Buch, das mein Vater mir gegeben hatte, habe ich über König Priamus und seine Söhne gelesen. 2. Der Vater hat gesagt, dass dieses Buch ihm sehr gefallen habe. 3. Er hat gefragt: „Hat auch dir mein Buch gefallen?" 4. Ich habe geantwortet: „Es hat (mir) sehr gefallen. 5. Gerne habe ich von Paris gelesen, der Helena geliebt hat / in Helena verliebt war. 6. Die Stadt Troja, in die Paris sie mit sich genommen hat, habe ich noch nie gesehen. 7. Wann wirst du mit mir nach Troja segeln/fahren? 8. Ich will diese Stadt sehen."

S. 12 N3

a Adjektive der a-/o-Deklination: totus, -a, -um; miser, -era, -erum; dignus, -a, -um; magnos > magnus, -a, -um; solam > solus, -a, -um; iucundum > iucundus, -a, -um; liberam > liber, -era, -erum; dextra > dexter, -tra, -trum; durum > durus, -a, -um; asperis > asper, -era, -erum; laeto > laetus, -a, -um; mortuum > mortuus, -a, -um
Adjektive der Kons. Deklination: brevis, brevis, breve; acer, acris, acre; felicem > felix, Gen.: felicis; mortales > mortalis, mortalis, mortale; difficilium > difficilis, difficilis, difficile; omnibus > omnis, omnis, omne; clementis > clemens, Gen.: clementis; facile > facilis, facilis, facile; incolumes > incolumis, incolumis, incolume

b mild – clemens, leicht – facilis, sterblich – mortalis, ernst – gravis, ungeheuer – ingens, schwierig – difficilis, nützlich – utilis, unversehrt – incolumis
Das Adjektiv aus den übrig gebliebenen zwei Silben: **kurz – brevis**.

c aeque – aequus; breviter – brevis; feliciter – felix; publice – publicus; libenter – libens; vere – verus; stulte – stultus; acriter – acer

d 1. Multi servi vitam (= Bezugswort) <u>miseram</u> agebant, multi <u>feliciter</u> non vivebant (Verb).
2. Orator <u>bene</u> dixit (Verb), verbis (= Bezugswort) <u>pulchris</u> et <u>veris</u> reum defendit.

e 1. Viele Sklaven führten ein elendes Leben, viele lebten nicht glücklich.
2. Der Redner hat gut gesprochen, er hat den Angeklagten mit schönen und wahren Worten verteidigt.

Lektion 23

S. 14 V1

a Die sieben Perfekt-Passiv-Formen sind: scriptum est – prohibiti sunt – relicta sum – visae estis – interrogata es – oppressi sumus – invitatus sum.
Die 1. Sg. kommt zwei Mal vor: relicta sum (fem.) und invitatus sum (mask.).

b Die fünf Perfekt-Passiv-Formen sind: traditum est – capti sunt – liberata sum – missae sumus – servatus es.

difficilis, pius, stultus, longus, mortalis sind Adjektive.

V2

Infinitiv	Partizip Perfekt Passiv (PPP)	Partizip im Deutschen
facere	factum	gemacht, getan
constituere	constitutum	beschlossen, festgesetzt
cogere	coactum	gezwungen, versammelt
tradere	traditum	übergeben, überliefert
capere	captum	genommen, gefangen
exstruere	exstructum	erbaut
sentire	sensum	gefühlt, gemerkt
audire	auditum	gehört
mittere	missum	geschickt

S. 15 V3

a

audire	hören		mittere	schicken
auditus/a sum	ich bin gehört worden	1. Sg	missus/a sum	ich bin geschickt worden
auditus/a es	du bist gehört worden	2. Sg.	missus/a es	du bist geschickt worden
auditus/a/um est	er/sie/es ist gehört worden	3. Sg.	missus/a/um est	er/sie/es ist geschickt worden
auditi/ae sumus	wir sind gehört worden	1. Pl.	missi/ae sumus	wir sind geschickt worden
auditi/ae estis	ihr seid gehört worden	2. Pl.	missi/ae estis	ihr seid geschickt worden
auditi/ae/a sunt	sie sind gehört worden	3. Pl.	missi/ae/a sunt	sie sind geschickt worden

b tradere → 3. Pl.: traditi/ae/a sunt – sie sind übergeben/überliefert worden
docere → 1. Sg.: doctus/a sum – ich bin gelehrt/unterrichtet worden
cogere → 2. Pl.: coacti/ae estis – ihr seid gezwungen worden
exstruere → 3. Pl.: exstructi/ae/a sunt – sie sind errichtet/erbaut worden
respicere → 2. Sg.: respectus/a es – du bist berücksichtigt worden

c 1. Fabula a poetis <u>narrata est</u>. – Die Geschichte ist von den Dichtern erzählt worden.
2. Dei ab hominibus <u>culti sunt</u>. – Die Götter sind von den Menschen verehrt worden.
3. Epistulae ab amica <u>scriptae sunt</u>. – Die Briefe sind von der Freundin geschrieben worden.
4. Hostes ab imperatore <u>capti sunt</u>. – Die Feinde sind vom Feldherrn gefangen genommen worden.
5. Puer: „A fratre <u>servatus sum</u>." – Der Junge sagt: „Ich bin von meinem Bruder geretttet worden."
6. Urbs ab hostibus <u>oppressa est</u>. – Die Stadt ist von den Feinden überfallen worden.

S. 16 V4

Infinitive Perfekt Passiv sind:
interrogatam esse (> interrogare) – invitatos esse (> invitare) – capta esse (> capere) – responsum esse (> respondere) – servatas esse (> servare).

Den Infinitiv Perfekt Passiv erkennst du daran, dass es zwei Wörter sein müssen und das erste ein PPP ist, das du als dritte Stammform eines Verbs kennst.

V5

narrare – narravisse: erzählt haben – narratum esse: erzählt worden sein / mittere – misisse: geschickt haben – missum esse: geschickt worden sein / ponere – posuisse: gestellt/gesetzt/gelegt haben – positum esse: gestellt/gesetzt/gelegt worden sein / audire – audivisse: gehört haben – auditum esse: gehört worden sein

N1
1. **In periculo fui; itaque auxilium amicorum exspectavi.** (Genitivus subiectivus) – Ich war in Gefahr; deshalb habe ich die Hilfe meiner Freunde erwartet / auf die Hilfe der Freunde gewartet. (*Wer hilft?* – die Freunde)
2. **Servi cupiditate libertatis ardent.** (Genitivus obiectivus) – Die Sklaven brennen vor Verlangen nach Freiheit (*Wen/Was verlangen sie?* – Freiheit)
3. **Consul sententias senatorum audivit.** Genitivus subiectivus) – Der Konsul hörte die Meinungen der Senatoren. (*Wer meint etwas?* – die Senatoren)
4. **Romani deos deasque imperatores hominum putant.** (Genitivus obiectivus) – Die Römer halten die Götter und Göttinnen für die Herrscher über die Menschen. (*Über wen herrschen sie?* – über die Menschen)
5. **Populus iudicio regis deceptus est.** (Genitivus subiectivus) – Das Volk wurde durch das Urteil des Königs getäuscht. (*Wer urteilt?* – der König)

Lektion 24

S. 18 V1

a Die drei Passivformen im Perfekt sind: **scriptum est – visae estis – oppressi sumus**; die drei Passivformen im Plusquamperfekt sind: **interrogata eramus – relicta eras – interfecti erant**;
die drei Passivformen im Futur II sind: **prohibiti eritis – commotus ero – conditum erit.**

Achte auf die Formen von esse:
Präsens von esse → Perfekt Passiv,
Imperfekt von esse → Plusquamperfekt Passiv,
Futur I von esse → Futur II Passiv

b **commoti erunt: commovere** – erregen, veranlassen; **coacta es: cogere** – versammeln, zwingen; **tradita erant: tradere** – übergeben, überliefern;
capti estis: capere – nehmen, erobern, fassen; **inventum erit: invenire** – finden;
servatus eram: servare – retten, bewahren

V2 a

	Plusquamperfekt		Futur II	
1. Sg.	captus/a eram	ich war gefangen worden	captus/a ero	ich werde gefangen worden sein
2. Sg.	captus/a eras	du warst gefangen worden	captus/a eris	du wirst gefangen worden sein
3. Sg.	captus/a/um erat	er/sie/es war gefangen worden	captus/a/um erit	er/sie/es wird gefangen worden sein
1. Pl.	capti/ae eramus	wir waren gefangen worden	capti/ae erimus	wir werden gefangen worden sein
2. Pl.	capti/ae eratis	ihr wart gefangen worden	capti/ae eritis	ihr werdet gefangen worden sein
3. Pl.	capti/ae/a erant	sie waren gefangen worden	capti/ae/a erunt	sie werden gefangen worden sein

S. 19

b **tradere** → 3. Pl. Fut II: **traditi/ae/a erunt** – sie werden übergeben worden sein
audire → 1. Sg. Plqupf.: **auditus/a eram** – ich war gehört worden
cogere → 2. Pl. Fut II: **coacti/ae eritis** – ihr werdet gezwungen worden sein
exstruere → 3. Pl. Plqupf.: **exstructi/ae/a erant** – sie waren errichtet worden

V3

a **Perfekt:** sie haben gesehen – sie sind gesehen worden; sie haben gehört – sie sind gehört worden: sie haben gerettet – sie sind gerettet worden
Plusquamperfekt: sie hatten gesehen – sie waren gesehen worden; sie hatten gehört – sie waren gehört worden; sie hatten gerettet – sie waren gerettet worden
Futur II: sie werden gesehen haben – sie werden gesehen worden sein; sie werden gehört haben – sie werden gehört worden sein; sie werden gerettet haben – sie werden gerettet worden sein

b sie hatte gefürchtet – **timuerat**; es war erfunden worden – **inventum erat**; ich werde erzählt haben – **narravero**; ihr seid gefragt worden – **interrogati estis**; du warst gerettet worden – **servatus eras**; du hast geschrieben – **scripsisti**; wir sind befreit worden – **liberati sumus**; sie hatten gefordert – **poposcerant**

c 1. **Remus a Romulo interfectus erat.** – Remus war von Romulus getötet worden.
2. **Romani multos deos deasque coluerunt.** – Die Römer haben viele Götter und Göttinnen verehrt.
3. **Aeneas Didonem reliquerat.** – Aeneas hatte Dido verlassen.
4. **„Piratae nos in Asiam abduxerunt."** – „Die Piraten haben uns nach Asien verschleppt."
5. **„Si a vobis invitatae erimus, veniemus."** – „Wenn wir von euch eingeladen werden (Fut. II: eingeladen worden sein werden), kommen wir (Fut I: werden wir kommen)."

S. 20 S1

1. **Romulus et Remus, qui** (Relativ-Pron.) **ad ripam Tiberis expositi erant, a Marte deo servati sunt. Qui** (Relativischer Satzanschluss) **lupam, a qua** (Relativ-Pron.) **fratres inventi sunt, miserat.** – Romulus und Remus, die am Ufer des Tiber ausgesetzt worden waren, sind vom Gott Mars gerettet worden. Dieser hatte eine Wölfin geschickt, von der die Brüder gefunden wurden.
2. **Quintus epistulam Flaviae, quam** (Relativ-Pron.) **valde amat, legit. Qua** (Relativischer Satzanschluss) **in epistula se eum libenter convenire scribit.** – Quintus hat den Brief Flavias, die er sehr liebt, gelesen. In diesem Brief schreibt sie, dass sie ihn gerne treffe.
3. **Ex urbe Troia, quae** (Relativ-Pron.) **a Graecis incensa erat, Aeneas fugit. Cuius** (Relativischer Satzanschluss) **pater erat Anchises, quem** (Relativ-Pron.) **secum abduxit et a morte servavit.** – Aus der Stadt Troja, die von den Griechen angezündet worden war, ist Aeneas geflohen. Dessen Vater war Anchises, den er mit sich nahm und vor dem Tod rettete.

Übersetzen leicht gemacht – Kasus unterscheiden

S. 21 Ü1

Satz 1: patrono: 1. Nom. Sg.: **patronus** 2. Gen. Sg.: **patroni** → 3. o-Dekl. → 4. Beispielwort deklinieren → 5. Dat./Abl. Sg. → Dat. oder Abl. Sg. → Prädikat **misit** → er/sie/es schickte → WEM? → Dat. Sg. virgo: 1. Nom. Sg.: **virgo** 2. Gen. Sg.: **virginis** → 3. Kons. Dekl. → 4. Beispielwort deklinieren → 5. Nom. Sg. → Subjekt – Übersetzung: Die junge Frau schickte dem Anwalt des Prozesses / in dem Prozess einen Brief.
Satz 2: ventos: 1. Nom. Sg.: **ventus** 2. Gen. Sg.: **venti** → 3. o-Dekl. → 4. Beispielwort deklinieren → Akk. Pl. sacerdos: 1. Nom. Sg.: **sacerdos** 2. Gen. Sg. **sacerdotis** → 3. Kons. Dekl. → 4. Beispielwort deklinieren → 5. Nom. Sg. → Subjekt – Übersetzung: Der Priester erbat von den Göttern günstige Winde.
Satz 3: socius: Nom. Sg.: **socius** 2. Gen. Sg. **socii** → 3. o-Dekl. → 4. Beispielwort deklinieren → 5. Nom. Sg. → Subjekt. **litus**: Nom. Sg.: **litus** 2. Gen. Sg. **litoris**, neutrum → 3. Kons. Dekl. → 4. Beispielwort neutrum deklinieren → 5. Nom. / Akk. Sg. → Nom. oder Akk. Sg.? → Subjekt: **socius** → Akk. Sg. – Übersetzung: Plötzlich verließ der Gefährte den Strand und lief zur Stadt.

S. 22 Ü2

1. [3]**Post mortem** [4]**Romuli** [2]**regnum** [4]**novo** [3]**regi** [1]**traditum est.**
1. Prädikat: er/sie/es ist übergeben / überliefert worden
2. Subjekt: die Königsherrschaft, das Königreich
3. Ergänzungen: ***Wem** ist die Königsherrschaft übergeben worden?* – dem König. ***Wann** ist die Königsherrschaft übergeben worden?* – nach dem Tod
4. restliche Wörter: **Romuli** – Gen. Sg. → *nach **wessen** Tod?* – nach dem Tod des Romulus. **novo** – Adjektiv-Attribut zu regi → ***Was für einem** König?* – dem neuen König. → Übersetzung: Nach dem Tod des Romulus ist die Königsherrschaft einem neuen König übergeben worden.

2. ³Ab eo rege ²templum ⁴Iani dei ¹aedificatum est.
1. Prädikat: er/sie/es ist erbaut worden
2. Subjekt: der Tempel
3. Ergänzungen: ***Von wem** ist der Tempel erbaut worden?* – von diesem König
4. restliche Wörter: Iani dei – Gen. Sg. → ***Wessen** Tempel?* – der Tempel des Gottes Janus

→ **Übersetzung:** Von diesem König ist der Tempel des Gottes Janus gebaut worden.

3. ³Temporibus bellorum ²portae ⁴templi Iani ¹apertae sunt.
1. Prädikat: sie sind geöffnet worden
2. Subjekt: die Tore
3. Ergänzungen: ***Wann** sind die Tore geöffnet worden?* – in den Zeiten der Kriege
4. restliche Wörter: templi Iani – Gen. Sg., Gen. Sg. → ***Wessen** Tore?* – die Tore des Tempels des Janus

→ **Übersetzung:** In den Zeiten der Kriege sind die Tore des Tempels des Janus geöffnet worden.

4. ³Ab imperatore Augusto ²portae ³tandem ¹clausae sunt.
1. Prädikat: sie sind geschlossen worden
2. Subjekt: die Tore
3. Ergänzungen: ***Von wem** sind die Tore geschlossen worden?* – von Kaiser Augustus. ***Wann** …?* – Endlich
4. restliche Wörter: --

→ **Übersetzung:** Von Kaiser Augustus sind die Tore endlich geschlossen worden.

Lektion 25

S. 24 V1

a 1. Helena a Troianis abducta est. – Helena ist von den Trojanern entführt worden.
2. Multa templa pulchra ab imperatore Augusto exstructa sunt. – Viele schöne Tempel sind von Kaiser Augustus erbaut worden.
3. Bellum a mulieribus Sabinorum finitum erat. – Der Krieg war von den Frauen der Sabiner beendet worden.
4. Serva: „Ubi e servitute liberata ero, in Galliam redibo." – Die Sklavin sagt: „Sobald ich aus der Sklaverei befreit bin (Fut. II: befreit worden sein werde), werde ich nach Gallien zurückkehren."

Das Bezugswort steht im gleichen Kasus, Numerus und Genus wie das PPP.

b 1. Servus (= *Bezugswort*) [e servitute liberatus] in Germaniam rediit. – Der aus der Sklaverei befreite Sklave kehrte nach Germanien zurück.
2. Multi homines epistulas (= *Bezugswort*) [a philosopho scriptas] legunt. – Viele Menschen lesen die von einem Philosophen geschriebenen Briefe.
3. Templa (= *Bezugswort*) [ab Augusto exstructa] omnibus placuerunt. – Die von Augustus erbauten Tempel haben allen gefallen.
4. Fratrem (= *Bezugswort*) [ab inimicis petitum] servavi. – Ich habe meinen von Gegnern angegriffenen Bruder gerettet.

S. 25 S1

a 1. Der Sklave, der aus der Sklaverei befreit worden war, kehrte nach Germanien zurück.
2. Viele Menschen lesen die Briefe, die von einem Philosophen geschrieben worden sind.
3. Die Tempel, die von Augustus erbaut worden waren, haben allen gefallen.
4. Ich habe meinen Bruder, der von Gegnern angegriffen worden war, gerettet.

b 1. In nave (= *Bezugswort*) a piratis capta etiam Flavia fuit. – *mit Partizip*: Auf dem von den Piraten eingenommenen / gekaperten Schiff war auch Flavia. – *mit Relativsatz*: Auf dem Schiff, das von den Piraten eingenommen / gekapert worden war, war auch Flavia.
2. Dei pueros (= *Bezugswort*) ad ripam Tiberis expositos servaverunt. – *mit Partizip*: Die Götter haben die am Ufer des Tiber ausgesetzten Jungen gerettet. – *mit Relativsatz*: Die Götter haben die Jungen, die am Ufer des Tiber ausgesetzt worden waren, gerettet.
3. Fidem (= *Bezugswort*) tibi datam semper servabo. – *mit Partizip*: Das dir gegebene Versprechen werde ich immer halten. – *mit Relativsatz*: Das Versprechen, das ich dir gegeben habe, werde ich immer halten.

S2

Überlege, in welchen Zusammenhang die beiden Informationen stehen, die du aus dem Prädikat und aus dem Partizip erhältst: Erfährt man durch das Partizip etwas über den Grund oder den Gegengrund oder über die zeitliche Reihenfolge?

In Klammern zur Kontrolle die Übersetzung der beiden Informationen.
1. Servus e servitute liberatus tandem in patriam redit. – *Zeit* (… **liberatus**: Der Sklave war aus der Sklaverei befreit worden – … **rediit**: der Sklave kehrte endlich in seine Heimat zurück)
2. Mulieres a Romanis raptae tamen Romae manserunt. – *nicht beachteter Grund* (… **raptae**: Die Frauen waren von den Römern geraubt worden – … **manserunt**: die Frauen blieben trotzdem in Rom)
3. Sabini a Romulo decepti valde irati erant. – *beachteter Grund* (… **decepti**: Die Sabiner waren von Romulus getäuscht worden - … *irati erant*: die Sabiner waren sehr zornig)
4. Aeneas a Didone amatus in Italiam navigavit. – *nicht beachteter Grund* (… **amatus**: Aeneas war von Dido geliebt worden – … **navigavit**: er segelte nach Italien)
5. Flavia a piratis abducta primo in Asiam, tum in Galliam venit. – *Zeit* (… **abducta**: Flavia war von den Piraten entführt worden – … **venit**: Flavia kam zuerst nach Asien, dann nach Gallien)

S. 26

b 1. Servus [e servitute liberatus] tandem in patriam redit. – *mit Hauptsatz*: Der Sklave war aus der Sklaverei befreit worden und kehrte (dann) endlich in seine Heimat zurück. – *mit Gliedsatz*: Nachdem der Sklave aus der Sklaverei befreit worden war, kehrte er endlich in seine Heimat zurück. – *mit präpositionaler Verbindung*: Nach seiner Befreiung aus der Sklaverei kehrte der Sklave endlich in seine Heimat zurück.
2. Mulieres [a Romanis raptae] tamen Romae manserunt. – *mit Hauptsatz*: Die Frauen waren von den Römern geraubt worden, blieben (aber) dennoch in Rom. – *mit Gliedsatz*: Obwohl die Frauen von den Römern geraubt worden waren, blieben sie dennoch in Rom. – *mit präpositionaler Verbindung*: Trotz des Raubs durch die Römer blieben die Frauen dennoch in Rom.
3. Sabini [a Romulo decepti] valde irati erant. – *mit Hauptsatz*: Die Sabiner waren von Romulus getäuscht worden und waren (deshalb) sehr zornig. – *mit Gliedsatz*: Weil die Sabiner von Romulus getäuscht worden waren, waren sie sehr zornig. – *mit präpositionaler Verbindung*: Wegen der Täuschung durch Romulus waren die Sabiner sehr zornig.
4. Aeneas [a Didone amatus] in Italiam navigavit. – *mit Hauptsatz*: Aeneas war von Dido geliebt worden und segelte (trotzdem) nach Italien. – *mit Gliedsatz*: Obwohl Aeneas von Dido geliebt worden war, segelte er nach Italien. – *mit präpositionaler Verbindung*: Trotz der Liebe Didos segelte Aeneas nach Italien.
5. Flavia [a piratis abducta] primo in Asiam, tum in Galliam venit. – *mit Hauptsatz*: Flavia war von den Piraten entführt worden und kam (daraufhin) zuerst nach Asien, dann nach Gallien. – *mit Gliedsatz*: Als/Nachdem Flavia von den Piraten entführt worden war, kam sie zuerst nach Asien, dann nach Gallien. – *mit präpositionaler Verbindung*: Nach ihrer Entführung durch die Piraten kam Flavia zuerst nach Asien, dann nach Gallien.

Lektion 26

S. 28

V1

a

1. Sg.	2. Sg.	3. Sg.	1. Pl.	2. Pl.	3. Pl.
-(o)r	-ris	-tur	-mur	-mini	-ntur

b **vocor**: ich werde gerufen; **custodimini** ihr werdet bewacht; **inveniris**: du wirst gefunden

c **timoris** (Gen. Sg. von **timor, timoris**) – <u>**timeris**</u> (Infinitiv: **timere**); <u>**iudicaris**</u> (Infinitiv: **iudicare**) – **iudicis** (Gen. Sg. von **iudex, iudicis**); **amoris** (Gen. Sg. von **amor, amoris**) – <u>**amaris**</u> (Infinitiv: **amare**)

d Die neun Passivformen sind: **videmur, abducebantur, exponebaris, vocabitur, invitaris, colimini, terreberis, interrogor, scribuntur**.
Das Lösungswort lautet: **Vae victis!** (Wehe den Besiegten!)

S. 29

V2

Achte auf die Verbformen, bei denen du vor das Person-Zeichen ein Tempus-Zeichen einsetzen musst! Tempus-Zeichen sind: -b- (für Futur von Verben der a- und e-Konj.), -e- (für Futur, 2. Sg. - 3. Pl. für Verben der Kons. und i-Konj.) -ba-, -eba- (für Imperfekt)

1. **relinquimini** 2. **commovebantur**
3. **monebor** 4. **inveniebaris** 5. **pelletur**
6. **servamur**

b 1. ich werde sehen 2. sie werden verändert 3. er wird schreiben 4. es wird gebaut 5. ihr werdet verspottet 6. wir werden angreifen

Schau genau hin: Im Deutschen ist das Futur gebildet durch das Hilfsverb werden + Infinitiv, das Präsens Passiv durch das Hilfsverb werden + Partizip).

V3

Tempus	Aktiv	Passiv
Imperfekt	**rogabat**	**rogabatur**
	er/sie/es fragte	er/sie/es wurde gefragt
Futur I	**rogabit**	**rogabitur**
	er/sie/es wird fragen	er/sie/es wird gefragt werden
Perfekt	**rogavit**	**rogatus/a/um est**
	er/sie/es hat gefragt	er/sie/es ist gefragt worden
Plusquamperfekt	**rogaverat**	**rogatus/a/um erat**
	er/sie/es hatte gefragt	er/sie/es war gefragt worden
Futur II	**rogaverit**	**rogatus/a/um erit**
	er/sie/es wird gefragt haben	er/sie/es wird gefragt worden sein

S. 30

V4

Lateinischer Infinitiv Präsens Passiv	Deutscher Infinitiv Präsens Passiv
amari	geliebt werden
muniri	befestigt werden
trahi	gezogen werden
moneri	ermahnt/erinnert werden

reddidi ist 1. Sg. Perf. von reddere, der Infinitiv Präs. Pass. ist: reddi

V5

a

	Aktiv	Passiv
Präsens	*rogare*	rogari
Perfekt	rogavisse	rogatum esse

Aktiv	Passiv
colere	coli
coluisse	*cultum esse*

	Aktiv	Passiv
Präsens	monere	*moneri*
Perfekt	monuisse	monitum esse

Aktiv	Passiv
audire	audiri
audivisse	auditum esse

b In Klammern zur Kontrolle die Übersetzung.

Beachte: Inf. Perfekt zeigt Vorzeitigkeit an, Inf. Präsens Gleichzeitigkeit.

Audimus ... – Wir haben gehört, ...
1. ... **hospites non venisse.** (VZ) – ...dass die Gäste nicht gekommen sind.
2. ... **urbem expugnari non posse.** (GZ) – ... dass die Stadt nicht erobert werden kann.
3. ... **epistulam a te scriptam esse.** (VZ) – ... dass der Brief von dir geschrieben worden ist.
4. ... **deos a multis hominibus cultos esse.** (VZ) – ... dass die Götter von vielen Menschen verehrt worden sind.
5. ... **urbem Romam a Gallis expugnari non potuisse.** (VZ) – ... dass die Stadt Rom von den Galliern nicht erobert werden konnte.
6. ... **libertatem a servis posci.** (GZ) – ... dass Freiheit von den Sklaven gefordert wird.

S1

1. **se humanum praebere** – sich menschlich zeigen
2. **te hominem bonum putare** – dich für einen guten Menschen halten
3. **virum egregium regem facere** – einen ausgezeichneten Mann zum König ernennen
4. **fabulam veram ducere** – die Geschichte für wahr halten

Lektion 27

S. 32

N1

N2

Diese drei Substantive gehören zur u-Deklination: **exercitus, exercitus – metus, metus – impetus, impetus.**

	Sg.	Pl.
Nom.	exercitus	exercitus
Gen.	exercitus	exercituum
Dat.	exercitui	exercitibus
Akk.	exercitum	exercitus
Abl.	exercitu	exercitibus

	Sg.	Pl.
Nom.	impetus	impetus
Gen.	impetus	impetuum
Dat.	impetui	impetibus
Akk.	impetum	impetus
Abl.	impetu	impetibus

b Abl. Sg.: **metu**; Gen. Pl.: **exercituum**; Abl. Pl.: **impetus**; Gen. Sg.: **metus**

N3

a

o-Dekl.		a-Dekl.	Kons. Dekl.	e-Dekl.	u-Dekl.
m.	n.				
ager	bellum	ira	arx	acies	exercitus
locus	fatum	hora	dolor	dies	impetus
modus	signum	porta	os	res	metus
socius	votum	ripa	pes	spes	

S. 33

b

o-Deklination	Kons. Deklination	u-Deklination
numerus	munus	impetus
murus	salus	metus
inimicus	litus	exercitus

c

	Nom. Sg., Gen. Sg.	o-Dekl.	a-Dekl.	Kons. Dekl.	e-Dekl.	u-Dekl.
plebem	plebs, plebis			✗		
oris	os, oris			✗		
equi	equus, equi	✗				
rerum	res, rei				✗	
metum	metus, metus					✗
iniuriis	iniuria, iniuriae		✗			
doloris	dolor, doloris			✗		
diebus	dies, diei				✗	
exercituum	exercitus, exercitus					✗
loci	locus, loci	✗				

N4

a fabula (2): *Nom./Abl. Sg.*
lucem: Akk. Sg.
comites (2): Nom./Akk. Pl.
duce: Abl. Sg.

vitae (3): Gen/Dat. Sg; Nom. Pl.
victori: Dat. Sg.
ventorum: Gen. Pl.
equos: Akk. Pl.

maria (2): Nom./Akk. Pl.
diebus (2): Dat./Abl. Pl.
exercitus (4): Nom./Gen. Sg., Nom./Akk. Pl.
spes (3): Nom. Sg.; Nom./Akk. Pl.

S. 34

b

	Dat. Sg.	Abl. Pl.	Akk. Pl.	Abl. Sg.
civis	civi	civibus	cives	cive
dies	diei	diebus	dies	die
impetus	impetui	impetibus	impetus	impetu
donum	dono	donis	dona	dono

N5

a Die Form **illi** fehlt, die als Dativ Sg. oder als Nom. Pl. m. in Rot einzutragen ist. Vergleiche deine Ergebnisse mit der Deklination von **ille, illa, illud** auf der Info-Seite 27.

b **ille dies** – jener Tag; **illud proelium** – jener Kampf; **illa corpora** – jene Körper; **illis principibus** – jenen führenden Männern; **illo labore** – mit jener Arbeit/Mühe

c illius – huius
illa – haec
illum – hunc

illos – hos
ille – hic
illa – hac

illam – hanc
illorum – horum
illi – huic

Lektion 28

S. 36

N1

a

PPP-Formen	Infinitiv	PPA im Nom./Gen. Sg.	deutsches Partizip I
audienti	audire	audiens, audientis	hörend
tenentem	tenere	tenens, tenentis	haltend
navigans	navigare	navigans, navigantis	segelnd
mittentes	mittere	mittens, mittentis	schickend
capientibus	capere	capiens, capientis	fangend, nehmend
orantium	orare	orans, orantis	bittend, betend
ardentis	ardere	ardens, ardentis	brennend
neglegente	neglegere	neglegens, neglegentis	vernachlässigend
euntes	ire	iens, euntis	gehend

b PPA sind: **clamanti** (Infinitiv: **clamare**), **liberans** (Infinitiv: **liberare**), **gaudentibus** (Infinitiv: **gaudere**), **intellegentes** (Infinitiv: **intellegere**), **venientis** (Infinitiv: **venire**).

S. 37

c

	Singular		Plural	
	m. / f.	n.	m. / f.	n.
Nom.	clamans		clamantes	clamantia
Gen.	clamantis		clamantium	
Dat.	clamanti		clamantibus	
Akk.	clamantem	clamantes	clamantes	clamantia
Abl.	clamante		clamantibus	

d **homines** – Nom./Akk. Pl. – **clamantes**; **amicis** – Dat./Abl. Pl. – **neglegentibus**; **puellas** – Akk. Pl. – **ludentes**; **bellum** – Nom./Akk. Sg. (n.) – **instans**; **exercitus** – (Nom./Gen. Sg.); Nom./Akk. Pl. – **delentes**; **pontem** – Akk. Sg. – **ruentem**; **hostium** – Gen. Pl. – **appropinquantium**

S. 37

S1

a **Hostes milites** (= *Bezugswort*) [**muros oppidi custodientes**] **interfecerunt, sed exercitus** (= *Bezugswort*) **hostium** [**pontem petens**] **pulsus est.**

Übersetzung mit Partizip: Die Feinde haben die die Mauern der Stadt bewachenden Soldaten getötet, aber das die Brücke angreifende Heer der Feinde ist geschlagen worden.

Übersetzung mit Relativsatz: Die Feinde haben die Soldaten, die die Mauer der Stadt bewachten, getötet, aber das Heer der Feinde, das die Brücke angriff, ist geschlagen worden.

S. 38

b **Imperator** (= *Bezugswort*) **hostium oppidum** [**diu oppugnans**] **capere non potuit; tum homines** (= *Bezugswort*) [**impetum simulantes**] **ex urbe fugerunt.**

Übersetzung mit einem eigenen Hauptsatz: Der Feldherr der Feinde belagerte die Stadt lange, aber er konnte sie nicht erobern; da täuschten die Menschen einen Angriff vor und flohen aus der Stadt.

Übersetzung mit einem Gliedsatz: Der Feldherr der Feinde konnte die Stadt, obwohl er sie lange belagerte, nicht erobern; dann flohen die Menschen, indem sie einen Angriff vortäuschten, aus der Stadt.

Übersetzung mit einer präpositionalen Verbindung: Der Feldherr der Feinde konnte die Stadt trotz langer Belagerung nicht erobern; da flohen die Menschen unter Vortäuschung eines Angriffs aus der Stadt.

N1

1. **Quod nomen fratri Romuli erat?** – Welchen Namen hatte der Bruder des Romulus / Wie hieß …? („Welcher Name war …“) → Remus
2. **Cui mensi nomen victoris Gallorum datum est?** – Welchem Monat ist der Name des Siegers über die Gallier gegeben worden? → Juli
3. **Quibus hominibus Romani in arena plauserunt?** – Welchen Menschen applaudierten die Römer in der Arena? → den Gladiatoren
4. **Cuius regis uxor Penelope erat?** – Welchen Königs Frau / Die Frau welchen Königs war Penelope? → Odysseus
5. **A qua muliere Ulixes mutari non potuit?** – Von welcher Frau konnte Odysseus nicht verwandelt werden? → Circe

Übersetzen leicht gemacht – Partizip-Konstruktionen übersetzen

S. 39 Ü3

Um Partizipien sicher zu erkennen, solltest du die Stammformen der Verben immer wieder wiederholen.

Ü4

Satz 1: Erkennen: 1. PPP **ductum** steht ohne Form von esse.
2. Bezugswort: **exercitum**
3. Weitere Wörter zum Partizip: **per Alpes montes**
Übersetzen: 1. **Hannibal ²exercitum [³per Alpes montes ¹ductum] Romam petere non iussit.**
2. Hannibal befahl dem Heer nicht, Rom anzugreifen.
3. **ductum** – PPP → vorzeitig und passiv
4. das Heer – durch die Alpen geführt
5. Aussage des Partizips: zeitliche Umstände
→ **Übersetzung**: Hannibal befahl dem Heer, nachdem es durch die Alpen geführt worden war, nicht, Rom anzugreifen.

Satz 2: Erkennen: 1. PPA **resistentes**
2. Bezugswort: **consules**
3. Weitere Wörter zum Partizip: **cum exercitu**
Übersetzen: 1. **Hannibal ²consules Romanorum [³cum exercitu ¹resistentes] interfecit.**
2. Hannibal tötete die Konsuln der Römer
3. **resistentes** – PPA → gleichzeitig und aktiv
4. die Konsuln – mit dem Heer Widerstand leistend
5. Aussage des Partizips: Grund
→ **Übersetzung:** Hannibal tötete die Konsuln der Römer, weil sie mit dem Heer Widerstand leisteten.

Lektion 29

S. 42 V1

a Das sind die fünf Konjunktivformen der a-Konjugation (in Klammern ist ihr Infinitiv genannt): **aedificet (aedificare) – nuntiemus (nuntiare) – des (dare) – narrent (narrare) –oppugnent (oppugnare).**
Das Lösungswort lautet: **ament (amare).**

b **pugnem – pugnare; ponam – ponere; portes – portare; videatis – videre; desinas – desinere**

c Es fehlt die 2. Sg.: **velis** // **velim**: g3; **velit**: a4; **velimus**: a1; **velitis**: a7; **velint**: a1

d Um alle Formen des Konj. Präs. von esse zu bilden, fehlt der Buchstabe **u**.
sim, sis, sit, simus, sitis, sint.

S. 43

e

	1. Sg.	2. Sg.	3. Sg.	1. Pl.	2. Pl.	3. Pl.
posse	possim	possis	possit	possimus	possitis	possint
nolle	nolim	nolis	nolit	nolimus	nolitis	nolint

V2

a

	rogare	parere	esse	ire
1. Sg.	rogem	paream	sim	eam
2. Sg.	roges	pareas	sis	eas
3. Sg.	roget	pareat	sit	eat
1. Pl.	rogemus	pareamus	simus	eamus
2. Pl.	rogetis	pareatis	sitis	eatis
3. Pl.	rogent	pareant	sint	eant

b Wir wünschen, dass .../ **Cupimus, ut** ....

du kommst – **venias**	du arbeitest – **labores**
ihr weggeht – **abeatis**	sie bleiben – **maneant**
wir schlafen – **dormiamus**	ihr erzählt – **narretis**
er sich bemüht – **studeat**	

S. 43 S1

a 1. Wir beten zu den Göttern / Wir bitten die Götter, dass sie uns helfen (sollen) / uns zu helfen.
2. Die Sklaven bitten den Herrn, dass er ihnen heute keine Aufgaben auferlege / ihnen heute keine Aufgaben aufzuerlegen.
3. Hannibal befiehlt den Soldaten, dass sie ins Gebiet der Römer eindringen sollen / ins Gebiet der Römer einzudringen.

S. 44

b Wir schreiben dir, damit du antwortest.
2. Wir sind bei euch / helfen euch, damit ihr euch nicht fürchtet / damit ihr keine Angst habt.
3. Der Feldherr macht einen schnellen Angriff, damit er die Feinde besiegt / um die Feinde zu besiegen.
4. Ich lade euch ein, damit ich nicht alleine bin / um nicht alleine zu sein.

c 1. Oft geschieht es, dass Menschen in Gefahr sind.
2. Ich werde so bewegt / bin so gerührt, dass ich die Tränen nicht zurückhalten kann.
3. Die Sonne brennt mit solcher Kraft, dass wir die Hitze kaum aushalten.

d 1. Merkur gibt Odysseus ein Heilmittel, damit Circe ihn nicht verwandeln kann. → *Finalsatz*
2. Remus wird von solchem Zorn bewegt / gepackt, dass er seinen Bruder auslacht. → *Konsekutivsatz*
3. Laokoon ermahnt die Trojaner, dass sie das hölzerne Pferd nicht in die Stadt ziehen sollen / das Pferd nicht in die Stadt zu ziehen. → *Begehrsatz*
4. Die Patrizier schicken Menenius Agrippa, damit das Volk in die Stadt zurückkehrt. → *Finalsatz*
5. Dido bittet Aeneas, dass er nicht nach Italien segeln soll / nicht nach Italien zu segeln. → *Begehrsatz*
6. Die Römer verletzen / beleidigen die Sabiner so sehr, dass diese Rom angreifen. → *Konsekutivsatz*

Lektion 30

S. 46 V1

a

1. Sg .	2. Sg.	3. Sg.	1. Pl.	2. Pl.	3. Pl.
-(o)r	-ris	-tur	-mur	-mini	-ntur

b Die sechs Formen im Konjunktiv Präsens Passiv sind: **teneamini – inveniatur – aedificentur – cogamur – audiar – cogaris.**

V2

a Die drei Formen in Konjunktiv Perfekt Passiv sind: **vocata sit – coactus sim – muniti sint.**

b 1. Ich werde dir antworten, sobald du mir geschrieben hast (haben wirst). → *Futur II*
2. Erzählt, was ihr gehört habt! → *Konj. Perf.*
3. Die Richter sagen zu den Angeklagten: „Wir wissen, was ihr im Landhaus geraubt habt, wo ihr in diesen Tagen gewesen seid, welche Verbrechen ihr begangen habt." → *Konj. Perf.*
4. Cicero sagte zu den Senatoren: „Wenn Catilina aus der Stadt weggegangen ist (weggegangen sein wird), werdet ihr alle sicher sein." → *Futur II*

S. 47 **V3**

a 1. **viceris** – Konj. Perf. Akt. 2. **vocaverimus** – Konj. Perf. Akt
3. **actum sit** – Konj. Perf. Pass. 4. **neglegam** – Konj. Präs. Akt.
5. **simus** – Konj. Präs. Akt. 6. **paraverint** – Konj. Perf. Akt.
7. **cogamini** – Konj. Präs. Pass. 8. **velit** – Konj. Präs. Akt.
9. **capti sint** – Konj. Perf. Pass. 10. **possis** – Konj. Präs. Akt.

b Bei den Formen crediderint und manseritis gibt es zwei Möglichkeiten.

	Präsens-stamm	Perfekt-stamm	Sprech-vokal	Tempus-Zeichen	Modus-Zeichen	Person-Zeichen	Übersetzung/ Bestimmung
sedebatis	sede	–	–	ba	–	tis	sie saßen
oppressi	–	oppress	–	–	–	i	ich überfiel
teneamini	tene	–	–	–	a	mini	2.Pl.Präs.Pas.Konj.
crediderint 1.	–	credid	–	eri	–	nt	sie werden geglaubt haben
crediderint 2.	–	credid	–	–	eri	nt	3.Pl.Perf.Akt.Konj.
audiatur	audi	–	–	–	a	tur	3.Sg.Präs.Pas.Konj.
ludamus	lud	–	–	–	a	mus	1.Pl.Präs.Akt.Konj.
aedificantur	aedifica	–	–	–	–	ntur	sie werden gebaut
cogeris	cog	–	–	e	–	ris	du wirst gezwungen werden
ceperatis	–	cep	–	era	–	tis	ihr hattet gefangen
parabimus	para	–	–	bi	–	mus	wir werden vorbereiten
manseritis 1.	–	mans	–	eri	–	tis	ihr werdet geblieben sein
manseritis 2.	–	mans	–	eri	–	tis	2.Pl.Perf.Akt.Konj.

S. 48 **S1**

a cum als Subjunktion ist **türkis** gekennzeichnet, cum als Präposition unterstrichen
1. … magno cum gaudio te audivi
2. …. **cum** subito hostes impetum fecerunt ….
3. … **cum** Cicero eum in senatu rogaverit
4. … Daedalus cum Icaro filio ex insula fugit…
5. … tecum semper in amicitia esse volo…
6. … **cum** ego multas horas dormiverim …

b 1. …, cum (*Subjunktion*) remedium … datum sit. – Odysseus rettet die Gefährten, weil ihm von Merkur ein Heilmittel gegeben worden ist.
2. …, cum (*Subjunktion*) Hannibalem cum (Präposition) exercitu …transisse audiverint. – Als die Römer gehört haben, dass Hannibal mit einem Heer und Elefanten über die Alpen gekommen sei, erschrecken sie sehr.
3. … una cum (*Präposition*) Remo …, cum (*Subjunktion*) … irrisus sit. – Obwohl Romulus zusammen mit seinem Bruder Remus die Stadt Rom gegründet hat, tötet er seinen Bruder, weil er von ihm ausgelacht worden ist.
4. …, cum (*Subjunktion*) omnia eius consilia pateant – Catilina ist, obwohl alle seine Pläne bekannt sind, heute im Senat anwesend.

S2

Satz 1: VZ. Satz 2: VZ. Satz 3: VZ. Satz 4: GZ

Lektion 31

S. 50 **V1**

a Die fünf Formen im Konjunktiv Imperfekt sind: **tenerentur** (Infinitiv: tenere) – **necaretur** (necare) – **velletis** (velle) – **legerent** (legere) – **liberareris** (liberare).

b **essem** (e2), **esses** (k4), **esset** (d1), **essemus** (k7), **essetis** (g9), **essent** (g4), **possem** (a1), **posses** (c1), **posset** (a11), **possemus** (j1), **possetis** (a1), **possent** (h10), **vellem** (i8), **velles** (e8), **vellet** (k11), **vellemus** (*fehlt*), **velletis** (c9), **vellent** (a8)

V2

a Das sind die fünf Formen im Konj. Plqupf. Akt. und ihre Infinitive:
paravisset – paravisse, parare
venissent – venisse, venire
noluissemus – noluisse, nolle
tacuisses – tacuisse, tacere
constituisset – constituisse, constituere.

S. 51

b Das sind die vier Formen im Konj. Plqupf. Pass.: **circumdati essent – coactae essemus – inventum esset – territi essetis.**

V3

a

Konjunktiv Präsens	Konjunktiv Imperfekt	Konjunktiv Perfekt	Konjunktiv Plusquamperfekt
capiatur	caperemini	ceperis	cepissem
capiamus	caperet	capta sitis	capti essent
capiant	caperer	ceperint	capta esses

Die Form ceperunt ist 3. Pl. Perf. Akt. Indikativ.

b **Vokabel:** von esse: **simus, fuerint, essetis**; von posse: **potuissem, possemus, possis**; von velle: **velit, voluisses, vellem**; von nolle: **nolueris, nollem, nolit**; von ire: **iretis, eat, ierimus**; von agere: **agerent, agatis, egissent**.
Person: 1. Sg.: **potuissem, nollem, vellem**; 2. Sg.: **nolueris, voluisses, possis**; 3. Sg.: **velit, eat, nolit**; 1. Pl.: **simus, possemus, ierimus**; 2. Pl.: **iretis, agatis, essetis**; 3. Pl.: **agerent, fuerint, egissent**.
Konjunktiv: Präsens: velit/simus, eat/agatis, nolit/possis; Imperfekt: agerent/iretis, nollem/possemus, vellem/essetis; Perfekt: nolueris, fuerint, ierimus; Plusquamperfekt: potuissem, voluisses, egissent.

c Konj. Präs.: **audeamus – vastentur – intellegamus**
Konj. Imperf.: **gignerent – aleretis – circumveniretur**
Konj. Perf.: **nuntiaverint – monuerim – reddiderimus – expugnatum sit**
Konj. Plqupf.: **laesi essetis – reliquisses – accepissetis**

S. 52 **S1**

a 1. **gleichzeitig:** Als Cicero seine Rede im Senat hielt, war Catilina anwesend. Cicero hält seine Rede im Senat und zur gleichen Zeit ist Catilina auch da.
2. **vorzeitig:** Als Catilina die Stadt verlassen hatte, war Cicero von seinen Sorgen befreit. Zuerst hat Catilina die Stadt verlassen, daraufhin hatte Cicero keine Sorgen mehr.

b 1. **Cum moenia exstructa essent** (*vorzeitig*), **hostes advenerunt.** – Nachdem die Stadtmauern gebaut worden waren, kamen die Feinde.
Cum moenia exstruantur (*gleichzeitig*), **hostes adveniunt.** – Als die Stadtmauern gebaut werden, kommen die Feinde.
Cum moenia exstructa sint (*vorzeitig*), **hostes adveniunt.** – Als/ Nachdem die Stadtmauern gebaut worden sind, kommen die Feinde.
Cum moenia exstruerentur (*gleichzeitig*), **hostes advenerunt.** – Als die Stadtmauern gebaut wurden, kamen die Feinde.

2. Eum rogo, quid ibi viderit (*vorzeitig*). – Ich frage ihn, was er dort gesehen habe.
Eum rogavi, quid ibi videret (*gleichzeitig*). – Ich habe ihn gefragt, was er dort sehe.
Eum rogavi, quid ibi vidisset (*vorzeitig*). – ch habe ihn gefragt, was er dort gesehen habe.
Eum rogo, quid ibi videat (*gleichzeitig*). – Ich frage ihn, was er dort sehe.

Lektion 32

S. 54 S1

a/b 1. Wenn ich viel Geld hätte (*Bedingungssatz*), würde ich um die Welt reisen. (*Folgesatz*) – Irrealis (Ich habe nämlich kein Geld und reise nicht um die Welt.)
2. Du hast versprochen zu helfen (*Folgesatz*), wenn du Zeit hast (*Bedingungssatz*).
3. Falls du das verraten hättest (*Bedingungssatz*), hätte ich mich sehr geärgert. (*Folgesatz*) – Irrealis (Du hast es nämlich nicht verraten und ich habe mich nicht geärgert.)
4. Hans will, wenn es nicht regnet (*Bedingungssatz*), mit dem Fahrrad fahren. (*Folgesatz*)
5. Wir würden kommen (*Folgesatz*), wenn wir könnten (*Bedingungssatz*). – Irrealis (Wir können aber nicht und kommen folglich auch nicht)
6. Ich hätte die CD, wenn sie nicht zu teuer gewesen wäre (*Bedingungssatz*), gekauft. (*Folgesatz*) – Irrealis (Sie war aber zu teuer und ich habe sie nicht gekauft.)

S2

Die Verben im Konj. Imperf. sind unterstrichen.
1. Si me <u>invitares</u>, <u>venirem</u>. – Wenn du mich einladen würdest, käme ich.
2. Nisi servi <u>essetis</u>, vitam iucundam <u>ageretis</u>. – Wenn ihr keine Sklaven wärt, würdet ihr ein angenehmes Leben führen.
3. Gladiator: „Si <u>timerem</u>, cladem <u>acciperem</u>." – Der Gladiator sagt: „Wenn ich Angst hätte, würde ich eine Niederlage erleiden."
4. Epistulam tibi libenter <u>scriberem</u>, si scribere mihi <u>liceret</u>. – Ich würde dir gerne einen Brief schreiben, wenn es mir erlaubt wäre zu schreiben.
5. Si spectacula <u>placerent</u>, matrona in Circum Maximum <u>iret</u>. – Wenn der Frau die Spiele gefallen würden, ginge sie in den Circus Maximus.

S. 55 S3

a Die Verben im Konj. Plqupf. sind unterstrichen.
1. Si me <u>invitavisses</u>, <u>venissem</u>. – Wenn du mich eingeladen hättest, wäre ich gekommen.
2. Nisi servi <u>fuissetis</u>, vitam iucundam <u>egissetis</u>. – Wenn ihr nicht Sklaven gewesen wärt, hättet ihr ein angenehmes Leben geführt.
3. Gladiator: „Si <u>timuissem</u>, cladem <u>accepissem</u>." – Der Gladiator sagt. „Wenn ich Angst gehabt hätte, hätte ich eine Niederlage erlitten."
4. Epistulam tibi libenter <u>scripsissem</u>, si scribere mihi <u>licuisset</u>. – Ich hätte dir gerne einen Brief geschrieben, wenn es mir erlaubt gewesen wäre zu schreiben.
5. Si spectacula <u>placuissent</u>, matrona in Circum Maximum <u>isset</u>. – Wenn der Frau die Spiele gefallen hätten, wäre sie in den Circus Maximus gegangen.

b 1. Wenn ich nicht die Wahrheit sage, schenkt mir niemand Glauben / glaubt mir keiner.
2. Menenius Agrippa sagte zum Volk: „Wenn ihr in die Stadt zurückkehrt (zurückgekehrt sein werdet), werden euch Rechte gegeben werden."
3. Wenn der Junge immer die Wahrheit sagen würde, würden alle ihm Glauben schenken / glauben.
4. Wenn Aeneas nicht von den Göttern ermahnt worden wäre, hätte er die Königin Dido niemals verlassen.
5. Laocoon sagte: „Wenn ihr glaubt, dass die Griechen Troja verlassen haben, (dann) irrt ihr."
Irrealis der Gegenwart: Satz Nr.: 3, weil in Bedingungs- und Folgesatz Konj. Imperf. stehen.
Irrealis der Vergangenheit: Satz Nr.: 4, weil in Bedingungs- und Folgesatz Konj. Plqupf. stehen.

S. 56 S4

a (f2) cum – als, (e8) ut – dass, (b6) postquam – nachdem, (b3) nisi – wenn nicht, (fehlt) quamquam – obwohl, (a5) ne – damit nicht, (d1) etsi – wenn auch, (c4) quoniam – weil, (a8) dum – während, (a1) priusquam – bevor

b

	Begehr	final	kausal	konditional	konsekutiv	konzessiv	temporal
quia			✗				
si				✗			
ut (+Konj.)	✗	✗			✗		
quod			✗				
postquam							✗
etsi					✗		
dum							✗

c Subjunktionen in Satz: 1: postquam, 2. Cum, 3. ut, 4. ut, 5. Dum, Cum 6. ne

d 1. Nachdem der König Alexander nach Ägypten gekommen war, ging er zu einem Orakel.
2. Als er sich dem Tempel näherte, sprach der Priester Alexander als Sohn Jupiters an (nannte der Priester Alexander einen Sohn Jupiters).
3. Dieser freute sich über diese Ehre so sehr, dass er diesen Namen nicht zurückwies.
4. Die Begleiter des Königs befiel eine so große Bewunderung, dass sie schweigend (dabei) standen.
5. Während sie ihren König anblickten, fügte der Priester hinzu: „Weil die Götter dich bewahren / schützen, wird niemand dich besiegen."
6. Dann gab Alexander dem Priester Geschenke und opferte dem Gott, damit dieser nicht durch die Worte des Priesters verletzt / beleidigt ist.

Übersetzen leicht gemacht – AcI / Satzgefüge übersetzen

S. 57 Ü4

1. Post mortem regis regnum filio traditum est. – kein AcI, denn es ist kein Infinitiv vorhanden. (Übersetzung zur Kontrolle: Nach dem Tod des Königs ist die Herrschaft seinem Sohn übertragen worden.)
2. [<u>Regem</u> ab inimicis <u>interfectum esse</u>] omnes putant. – AcI: AcI-Verb putare, Subjektsakkusativ regem, Pradikatsinfinitiv interfectum esse. – Alle glauben, dass der König von seinen Gegnern getötet worden sei.
3. Milites castra relinquere noluerunt. – kein AcI, denn "Spur 1" und "Spur 2" ergeben zusammen keinen Sinn, castra – das Lager kann nicht "Subjekt" zu relinquere – verlassen sein. (Übersetzung zur Kontrolle: Die Soldaten wollten das Lager nicht verlassen.)
4. Imperator castra statim relinqui iussit. – AcI: AcI-Verb iubere, Subjektsakkusativ castra, Prädikatsinfinitiv relinqui (Inf. Präs.Pas.). – Der Feldherr befiehlt, dass das Lager sofort verlassen wird.

S. 58 Ü5

Prädikate sind unterstrichen, die Einleitung des Gliedsatzes umrahmt. Anfang und Ende des Hauptsatzes und Gliedsatzes werden durch GS und HS gekennzeichnet.

1. GS [Cum] pater Alexandri <u>interfectus esset</u> GS, HS alii matrem, alii Alexandrum id fecisse <u>crediderunt</u> HS. –

Subjunktion *cum*: als – temporal, weil – kausal, obwohl – konzessiv; hier passt *temporal* am besten:
→ **Übersetzung:** Als der Vater Alexanders getötet worden war, glaubten einige, dass die Mutter, andere, dass Alexander dies getan habe.

2. GS [Postquam] pater de vita <u>decessit</u> GS, HS Alexander regnum <u>tenebat</u> HS, GS [quamquam] iuvenis <u>erat</u> GS. –

Subjunktion postquam: nachdem . temporal.
→ **Übersetzung:** Nachdem der Vater aus dem Leben geschieden war / gestorben war, hatte Alexander die Herrschaft, obwohl er (noch) ein junger Mann war.

3. GS [Cum] legati <u>petivissent</u> GS, GS [ut] milites in pugna capti <u>redderentur</u> GS, HS Alexander <u>respondit</u> HS: " GS [Ubi] bellum finitum <u>erit</u> GS, HS vobis omnes milites captos <u>reddam</u> HS." –

Subjunktion cum: als – temporal, weil – kausal, obwohl – konzessiv; hier passt *temporal* am besten; Subjunktion ut: dass – Begehrsatz, damit – Finalsatz, sodass – Konsekutivsatz; hier *Begehrsatz* nach petere; Subjunktion ubi: sobald – *temporal*.
→ **Übersetzung:** Als Gesandte verlangt hatten, dass die im Kampf gefangenen Soldaten zurückgegeben werden, antwortete Alexander: „Sobald der Krieg beendet ist (beendet sein wird), werde ich euch alle gefangenen Soldaten zurückgeben."

4. GS [Quod] sacerdotes deos iratos esse <u>crediderunt</u> GS, HS alium virum in sede Alexandri <u>posuerunt</u> HS. HS <u>Putabant</u> enim HS: GS [Si] alius vir loco regis <u>sedebit</u> GS, d HS ei ei pro rege dolorem <u>afferent</u> HS. – Subjunktion *quod*: weil – *kausal*;

Subjunktion si: wenn, falls – *konditional*:
→ **Übersetzung:** Weil die Priester glaubten, dass die Götter zornig seien, setzen sie einen anderen Mann auf den Sitz / Platz von Alexander. Sie meinten nämlich: Wenn ein anderer Mann an der Stelle des Königs sitzt, werden die Götter diesem, nicht dem König Schmerz / Leid zufügen.

Lektion 33

S. 60 V1

a

Infinitiv	1. Sg. Präs.	1. Sg. Perf.	PPP	Bedeutungen
ferre	fero	tuli	latum	tragen, bringen

b

	Präsens Ind. Aktiv	Perfekt Ind. Aktiv	Plqupf. Ind. Passiv
1. Sg.	fero	tuli	tuleram
2. Sg.	fers	tulisti	tuleras
3. Sg.	fert	tulit	tulerat
1. Pl.	ferimus	tulimus	tuleramus
2. Pl.	fertis	tulistis	tuleratis
3. Pl.	ferunt	tulerunt	tulerant

c feratur – 3.Sg. Präsens Konj. Pass. / lata sunt – 3.Pl. Perfekt Ind. Pass. / ferremus – 1. Pl. Imperfekt Konj. Akt. / ferent – 3. Pl. Futur I Akt. / tuleratis – 2. Pl. Plqupf. Ind. Akt. / tulisset – 3. Sg. Plqupf. Konj. Akt.

d afferes: 3. Sg. Fut. I Akt. – du wirst herbeitragen / referebam: 1. Sg. Imperf. Ind. Akt. – ich berichtete / differtur: 3. Sg. Präs. Ind. Pas. – er/sie/es wird verschoben / relatum erat: 3. Sg. Plqupf. Ind. Pass. – es war berichtet worden

S. 61 V2

a Die Verbformen sind unterstrichen.
<u>liberatis</u> (liberare) – libertatis (libertas) / regem (rex) – <u>regam</u> (regere) / fugae (fuga) – <u>fuge</u> (fugere) / <u>victos</u> (vincere) – victor (victor) / custodem (custos) – <u>custodirem</u> (custodire) / duce (dux) – <u>duxi</u> (ducere) / <u>impero</u> (imperare) – imperio (imperium) / studia (studium) – <u>studeam</u> (studere)

b Aus den beiden übrigen Silben entsteht: velle.

tangere	tango	tetigi	tactum
mittere	mitto	misi	missum
pellere	pello	pepuli	pulsum
tollere	tollo	sustuli	sublatum
dare	do	dedi	datum
cognoscere	cognosco	cognovi	cognitum

c laeserunt – laedere, cesseram – cedere, crevit – crescere, vicimus – vincere, pulsus – pellere, ceperim – capere, eo – ire, motum – movere

S. 62 V3

Indikativ	Konjunktiv	Infinitiv	Imperativ
miseramus	cadas	cedere	este
pugno	ceperim	cessisse	mone
reddes	fuisset	credi	pellite
vincor	putarem	rumpere	perge

V4

a **Waagerecht:** 4. interfectum – 7. conditum – 9. missum – 10. victum – 11. pulsum; **senkrecht:** 1. ductum – 2. factum – 3. versum – 5. ereptum – 6. latum – 7 clausum – 8. datum

b PPA sind: currentibus – adeuntes – custodientes – praesenti – intellegens – facientem – abstinentium – movens – docentes – quiescentium.
Das Lösungswort lautet: respiciens.

Lektion 34

S. 64 S1

a PPP im Ablativ sind: cognita (cognoscere), convocato (convocare), incenso (incendere), deleto (delere), missis (mittere), territis (terrere), laeso (laedere), superata (superare).

b 1. urbe deleta – Nachdem die Stadt zerstört worden war, zogen die Feinde weiter.
2. auxilio dato – Weil Hilfe gegeben worden war, konnten die Freunde sich befreien.
3. sociis perterritis – Weil die Gefährten sehr erschreckt waren, gerieten auch wir in Panik.
4. nave a piratis capta – Als das Schiff von Piraten gekapert worden war, stürzten wir uns ins Meer.
5. hominibus ex pernicie servatis – Weil die Menschen vor dem untergang gerettet worden waren, wurde den Göttern geopfert.

S. 65

c 1. [Adventu hostium nuntiato] imperator cum exercitu castra reliquit.
→ *Abl. abs.*: Nachdem / Weil die Ankunft der Feinde gemeldet worden war, Satz: verließ der Feldherr mit dem Heer das Lager.
2. [Hostibus crudeli pugna victis] imperator principes civitatis convenit.
→ *Abl. abs.*: Nachdem die Feinde in einem grausamen Kampf besiegt worden waren, Satz: traf der Feldherr die führenden Männer des Staates.
3. [Caesare a senatoribus interfecto] Antonius magnum oratorem se praebuit.
→ Abl. abs.: Als Caesar von den Senatoren getötet worden war, Satz: erwies Antonius sich als großer Redner.
4. [Hac re prima luce nuntiata] consul statim senatum in curiam convocavit.
→ *Abl. abs.*: Als / Weil diese Sache / dieses Ereignis bei Tagesanbruch gemeldet worden war, Satz: rief der Konsul sofort den Senat im Rathaus zusammen.

d 1. Die Ankunft der Feinde war gemeldet worden und der Feldherr verließ daraufhin / deshalb mit dem Heer das Lager.
2. Die Feinde waren in einem grausamen Kampf besiegt worden und der Feldherr traf dann die führenden Männer des Staates.
3. Caesar war von den Senatoren getötet worden und da erwies sich Antonius als großer Redner.
4. Dieses Ereignis war bei Tagesanbruch gemeldet worden und daraufhin / deshalb rief der Konsul sofort den Senat im Rathaus zusammen.

S. 66

e 1. Als / Weil der Tod des Feldherrn gemeldet worden war, zogen sich die Soldaten in das Lager zurück. – temporal / kausal
2. Nachdem Troja von den Griechen zerstört worden war, kam Aeneas nach Italien. – temporal
3. Obwohl der Krieg beendet war, machten die Feinde wieder einen Angriff. – konzessiv
4. Als Hilfe geschickt worden war, bin ich endlich aus den Gefahren gerettet worden. – temporal
5. Weil Flavia von den Piraten entführt worden war, war Quintus traurig. – kausal
6. Nachdem die Stadt gegründet worden war, wurden viele Tempel erbaut. – temporal

S2

Satz 1: [Helena a Paride rapta] Graeci Troiam oppugaverunt. → Abl. abs. – Weil Helena von Paris geraubt worden war, belagerten die Griechen Troja.
Menelaus Helenam [a Paride raptam] secum in patriam reduxit. → PC (Das Bezugswort zum PPP **raptam** ist **Helenam** und **Helenam** ist im Satz Akkusativobjekt.) – Menelaus hat Helena, die von Paris geraubt worden war, mit sich in die Heimat zurückgeführt.
Satz 2: In urbe [ab hostibus deleta] omnes valde flebant. → PC (Das Bezugswort zum PPP **deleta** ist **urbe** und **urbe** steht bei der Präp. in und dies ist eine Adverbiale des Ortes. – In der Stadt, die von den Feinden zerstört worden war, weinten alle sehr.
[Urbe ab hostibus deleta] homines fugerunt. → Abl. abs. – Nachdem / Weil die Stadt von den Feinden zerstört worden war, flohen die Menschen.

N1

1. Multis civibus (*Dativ des Vorteils*) Caesar admirationi (*Dativ des Zwecks*) fuit, quod urbi (*Dativ des Vorteils*) magno usui (*Dativ des Zwecks*) erat, multis (*Dativ des Vorteils*) autem odio (*Dativ des Zwecks*) fuit, quod eum regnum petere putaverunt. – Viele Bürger bewunderten Caesar, weil er für die Stadt von großem Nutzen war, vielen aber war er verhasst, weil sie glaubten, dass er die Königsherrschaft anstrebe.
2. Cum mater paterque mihi (*Dativ des Vorteils*) magnae curae (*Dativ des Zwecks*) sint, saepe eis adsum, ne senectus eis (*Dativ des Vorteils*) dolori (*Dativ des Zwecks*) sit. – Weil ich um Vater und Mutter sehr besorgt bin, bin ich oft bei ihnen, damit ihnen das Alter nicht zur Last (Schmerz) wird.
3. Urbs e pernicie servata est. Id consuli (*Dativ des Vorteils*) honori (*Dativ des Zwecks*) fuit. Cives eum saluti (*Dativ des Zwecks*) rei publicae (*Dativ des Vorteils*) semper fuisse affirmaverunt. – Die Stadt ist vor dem Untergang gerettet worden. Dies wurde dem Konsul als Ehre angerechnet. Die Bürger bekräftigten, dass er immer dem Staat Wohl(ergehen) gebracht hat. / für das Wohl(ergehen) des Staates gesorgt hat.

Lektion 35

S. 68
S1

a PPA im Ablativ sind: fugiente (Infinitiv: fugere), circumstantibus (circumstare), iudicante (iudicare), petentibus (petere), animadvertente (animadvertere), studente (studere), crescente (crescere), custodientibus (custodire), occidente (occidere), vertentibus (vertere), pugnantibus (pugnare).

b 1. hospitibus appropinquantibus – Als sich die Gäste näherten, ging der Hausherr zur Tür.
2. sacerdote deis sacrificante – Während der Priester den Göttern opferte, schwiegen alle.
3. villa ardente – Weil das Landhaus brannte, kam die Feuerwehr.
4. servis cito accurrentibus – Weil die Sklaven schnell herbeilaufen, freut sich der Herr.
5. amico nihil agente – Während der Freund nichts tut, arbeite ich fleißig.
6. omnibus oppidum defendentibus – Obwohl alle die Stadt verteidigten, siegten die Feinde.

S. 69

c 1. [<u>Urbe</u> Roma <u>ardente</u>] Nero imperator carmina cantabat. → *Abl.abs.*: Während die Stadt Rom brannte, *Satz*: sang der Kaiser Nero Lieder.
2. [<u>Urbe</u> <u>Roma</u> cito <u>crescente</u>] alii populi Romanos timere coeperunt. → Abl. abs.: Weil die Stadt Rom schnell wuchs, *Satz*: begannen die anderen Völker die Römer zu fürchten.
3. [<u>Vobis</u> epistulas <u>scribentibus</u>] nos ludimus. → *Abl.abs.*: Während ihr Briefe schreibt, *Satz*: spielen wir.
4. [<u>Patrono</u> reum pulchris verbis <u>defendente</u>] iudices riserunt. → *Abl.abs.*: Während der Anwalt den Angeklagten mit schönen Worten verteidigte, *Satz*: lachten die Richter.

d 1. Die Stadt Rom brannte und währenddessen sang Kaiser Nero Lieder.
2. Die Stadt Rom wuchs schnell und deshalb begannen die anderen Völker die Römer zu fürchten.
3. Ihr schreibt einen Brief und in dieser Zeit / währenddessen spielen wir.
4. Der Anwalt verteidigte den Angeklagten mit schönen Worten und die Richter lachten dabei.

S. 70
S2

In Satz 1 steht das PPA **resistentibus**. Die Aussage ist also gleichzeitig zu **capi non potest** und muss so übersetzt werden: Weil von vielen Widerstand geleistet wird, …
In Satz 2 steht das PPP **damnato**. Die Aussage ist also vorzeitig zu **maestus fuit** und muss so übersetzt werden: Weil / Nachdem der Richter den Angeklagten verurteilt hatte, …

S3

1. Ante villam <u>canem</u> [equos <u>custodientem</u>] video. → PC – Das Bezugswort zum PPA **custodientem** ist **canem** und **canem** ist das Akkusativobjekt zu **video**. – Übersetzung: Ich sehe vor dem Landhaus einen Hund, der die Pferde bewacht.
[<u>Cane</u> equos <u>custodiente</u>] viri asinos capiunt. → Abl. abs. – Übersetzung: Während der Hund die Pferde bewacht, fangen die Männer die Esel ein.
2. [<u>Piratis</u> aurum <u>postulantibus</u>] homines capti nuntium Romam miserunt. → Abl. abs. – Übersetzung: Weil die Piraten Gold forderten, schickten die gefangenen Menschen einen Boten nach Rom.
<u>Piratis</u> [aurum <u>postulantibus</u>] senatus nihil dedit. → PC – Das Bezugswort zum PPA **postulantibus** ist **piratis** und **piratis** ist das Dativobjekt zu **dedit**. – Übersetzung: Den Piraten, die Geld forderten, gab der Senat nichts.

S4

1. [Cicerone consule] nonnulli homines coniurationem fecerunt. – Unter dem Konsulat des Cicero machten einige Leute eine Verschwörung.
2. [Caesare et Bibulo consulibus] bellum in Italia gestum non est. – Unter dem Konsulat von Caesar und Bibulus wurde kein Krieg in Italien geführt.
3. [Parentibus vivis] saepe villam ad Tiberim sitam petivimus. – Zu Lebzeiten der Eltern haben wir oft das am Tiber gelegene Landhaus aufgesucht.
4. [Caesare mortuo] Cicero ab inimicis interfectus est. – Nach Caesars Tod wurde Cicero von seinen Gegnern getötet.

Lektion 36

S. 72
S1

a **Nomen im Abl. Sg.**: admiratione – adventu – auctore – auxilio – fama – morbo – pace – parte – poena – sorore
Nomen im Abl. Pl.: adversariis – captivis – criminibus – custodibus – divitiis – exercitibus – hostibus – legionibus – rebus – sociis

Überlege genau, wie der Nom. Sg. des Nomens lautet. z.B.: pulchritudo – Nom. Sg.: pulchritudo, kann also kein Abl. Sg. sein

b Personal-Pronomen

ego	tu	is	ea	id	nos	vos	ei, eae, ea
ich	du	er	sie	es	wir	ihr	sie
me	te	eo	ea	eo	nobis	vobis	eis

Demonstrativ-Pronomen

hic	haec	hoc	hi, hae, haec	ille	illa	illud	illi, illae, illa
dieser	diese	dieses	diese	jener	jene	jenes	jene
hoc	hac	hoc	his	illo	illa	illo	illis

c Die zehn Partizipien im Ablativ sind: affirmantibus (PPA, Infinitiv: affirmare) – clausis (PPP, claudere) – convocato (PPP, convocare) – gestis (PPP, gerere) – lato (PPP, ferre) – missa (PPP, mittere) – orantibus (PPA, orare) – petentibus (PPA, petere) – prohibente (PPA, prohibere) – rogante (PPA, rogare).

d praesentibus – praesse, abeuntibus – abire, absente – abesse, ineunte – inire, exeuntibus – exire

S. 73

e Ein PPA ist gleichzeitig und aktiv, ein PPP ist vorzeitig und passiv.

f 1. [Legato de clade referente] imperator Augustus perterritus stabat. – Während der Gesandte von der Niederlage berichtete, stand Kaiser Augustus erschrocken / entsetzt da. [Nuntio de clade allato] imperator manus ad caelum tetendit. – Nachdem die Nachricht von der Niederlage überbracht worden war, streckte der Kaiser die Hände zum Himmel aus.

2. [Troianis equum in oppidum trahentibus] milites Graecorum tacentes in eo sedebant. – Als / Während die Trojaner das Pferd in die Stadt zogen, saßen die Soldaten der Griechen schweigend darin. [Equo in oppidum tracto] Troiani bellum finitum esse putaverunt. – Als / Nachdem das Pferd in die Stadt gezogen worden war, glaubten die Trojaner, dass der Krieg beendet sei.

g 1. [Vobis a piratis abductis] diu nihil de vestra sorte audivimus. – Nachdem ihr von den Piraten entführt worden wart, haben wir lange nichts über euer Schicksal gehört.

2. [Te ex urbe fugiente] hostes invaserunt multosque cives necaverunt. – Während du aus der Stadt flohst / geflohen bist, sind die Feinde eingedrungen und haben viele Bürger getötet.

3. Romulus primus rex Romanorum fuit. [Eo regente] urbs cito crevit. – Romulus war der erste König der Römer. Als er regierte / Unter seiner Königsherrschaft wuchs die Stadt schnell.

4. [Me ab omnibus amicis relicta] in deis omnis spes posita est. – Weil ich von allen Freunden / Freundinnen verlassen worden war, konnten allein die Götter Hilfe geben / helfen.

S. 74

h 1. [Sole occidente] homines domum redierunt. → *Hauptsatz*: Die Sonne ging unter und deshalb kehrten die Menschen nach Hause zurück. – *Gliedsatz*: Als / Weil die Sonne unterging, kehrten die Menschen nach Hause zurück. – *präpositionale Wendung*: Bei Sonnenuntergang kehrten die Menschen nach Hause zurück.

2. [Hoc bello celeriter finito] omnes valde gaudebant. → *Hauptsatz*: Dieser Krieg war schnell beendet worden und deshalb freuten sich alle sehr. – *Gliedsatz*: Weil dieser Krieg schnell beendet worden war, freuten sich alle sehr. – *präpositionale Wendung*: Wegen / Nach der schnellen Beendigung dieses Krieges freuten sich alle sehr.

N1

1. Imperator milites in castra reduxit. Ipse ducem hostium convenit, ut de pace ageret. – Der Feldherr führte die Soldaten in das Lager zurück. Er selbst traf den Führer der Feinde, um über Frieden zu verhandeln.

2. Tertius anni mensis a deo Marte appellatus est. Eo ipso mense Caesarem interfectum esse scimus. – Der dritte Monat des Jahres ist nach dem Gott Mars benannt worden. Wir wissen, dass in eben diesem Monat Caesar getötet worden ist.

3. Seneca philosophus neminem ad servitutem natum esse scribit. Id ipsum etiam ego saepe dixi. – Der Philosoph Seneca schreibt, dass niemand zur Sklaverei geboren ist. Genau das habe auch ich oft gesagt.

Übersetzen leicht gemacht – Texte übersetzen

S. 75

Ü6

1. Das genaue Durchlesen des Textes bis zum Ende ist wichtig, weil du dadurch einen ersten Eindruck vom Inhalt des Textes bekommst.

2. **Personen:** Hercules, Iuppiter (Gen. Iovis), Cacus, Vulcanus.
Handelnde Personen sind nur Hercules (Subjekt z.B. in Z.7, Z.9, Z.13) und Cacus (Subjekt z.B. in Z.3 und den folgenden Sätzen, durch das Pronomen ille und durch das Person-Zeichen in den Prädikaten appropinquavit, vidisset, constituit, perficeret, adhibuit, traxit.). – Die Götter Iuppiter und Vulcanus werden nur je ein Mal genannt, Iuppiter als Vater des Herkules, Vulcanus als Vater des Cacus.
Ort der Handlung: ad Tiberim (Z.XXX), in eis locis (Z.XXX) – Herkules kam zum Tiber. In dieser Gegend / Dort …

3. Die handelnde Person jedes Satzes, das Subjekt, ist bei der Lösung zu Ü7 markiert.

4. Übersetzung: siehe Ü 7

S. 76

Ü7

Alle Verformen sind einfach unterstrichen, die Prädikate doppelt; der Zusatz HS und GS zeigt, ob es sich um ein Prädikat des Hauptsatzes oder Gliedsatzes handelt. Die Einleitung eines Gliedsatzes ist umrahmt. Subjekte sind markiert. Um AcI und Partizip-Konstruktionen Abl.abs und PC sind die Klammern gesetzt.

In eis locis Cacus HS vixit, monstrum ingentibus viribus corporis,
cui pater Vulcanus GS erat.
Abl.abs. [Hercule dormiente] ille HS appropinquavit.
Cum boves pulchros GS vidisset, eos rapere HS constituit.
Hoc ut GS perficeret, dolum HS adhibuit:
Nonnullos boves cauda in speluncam suam HS traxit, ut Hercules PC[boves amissos quaerens] GS putaret ACI[eos e spelunca exisse, non inisse.]
Hercules PC[e somno excitatus] statim HS vidit AcI[nonnullos boves abesse] et HS discessit, ut eos GS quaereret.
Sed boves PC[in spelunca inclusos] non HS invenisset, nisi ei, cum ACI[dominum prope speluncam esse] GS sentirent, GS mugivissent.
ABL.ABS.[Vocibus eorum auditis] Hercules speluncam HS petivit.
ABL.ABS.[Caco monstro acriter pugnante] Hercules victor HS discessit et ABL.ABS.[fure interfecto] boves suos HS reduxit.

Übersetzung:

Herkules und Cacus

Die römischen Schriftsteller überliefern, dass Herkules, der Sohn des Jupiter, mit einer Herde von Rindern zum Tiber gekommen sei und dort geruht habe. In dieser Gegend lebte Cacus, ein Ungeheuer mit riesigen Körperkräften, dessen Vater Vulcanus war („dem Vulkan der Vater war"). Während Herkules schlief, näherte sich jener. Als er die schönen Rinder sah, beschloss er sie zu rauben. Um dies durchzuführen, wandte er eine List an: Er zog einige Rinder am Schwanz in seine Höhle, so dass Herkules, wenn er die verlorenen Rinder sucht, glaubt, dass sie aus der Höhle hinausgegangen, nicht hineingegangen seien. Herkules sah, als er aus dem Schlaf aufgewacht war, sofort, dass einige Rinder fehlten, und er ging los, um sie zu suchen. Aber er hätte die in der Höhle eingeschlossenen Rinder nicht gefunden, wenn diese nicht, als sie merkten, dass ihr Herr in der Nähe der Höhle war, gebrüllt hätten. Als ihre Stimmen gehört worden waren / Als er ihre Stimmen gehört hatte, ging Herkules sofort zur Höhle. Obwohl Cacus, das Ungeheuer, heftig kämpfte, ging Herkules als Sieger davon und führte, nachdem der Dieb getötet worden war / nachdem er den Dieb getötet hatte, seine Rinder zurück.

abducere, -duco, -duxi, -ductum	wegführen
accidere, accidit, accidit	sich ereignen, zustoßen
accipere, -cipio, -cepi, -ceptum	annehmen
adesse, adsum, adfui /affui	anwesend sein, helfen
admiratio, -onis f.	Bewunderung
advenire, -venio, -veni, -ventum	ankommen
afferre, affero, attuli, allatum	herbeibringen, melden
affirmare, -o, -avi, -atum	behaupten, versichern
amare, -o, -avi, -atum	lieben
annus, anni m.	das Jahr
appropinquare, -o, -avi, -atum	sich nähern
ardēre, ardeo, arsi, -	brennen
asper, -era, -erum	hart; grob
auctoritas, -tatis f.	das Ansehen; der Einfluss
avus, -i m.	der Großvater
capere, capio, cepi, captum	nehmen, erobern, fassen
civis, civis m./f.	der/die Bürger(in)
civitas, -tatis f.	der Staat; der Stamm; die Gemeinschaft der Bürger
clades, cladis f.	die Niederlage; der Verlust
cogere, cogo, coegi, coactum	sammeln; zwingen
consilium, -i n.	der Rat(schlag); der Plan; der Entschluss; die Absicht
crescere, cresco, crevi, -	wachsen
cupiditas, -tatis f.	der Wunsch, das Verlangen
cura, -ae f.	die Sorge; die Sorgfalt
custodire, -io, -ivi, -itum	bewachen
dare, do, dedi, datum	geben
dea, -ae f.	die Göttin
decipere, -cipio, -cepi, -ceptum	täuschen
defendere, -o, -fendi, -fensum	verteidigen, abwehren
dicere, dico, dixi, dictum	sagen; sprechen
dies, diei m.	der Tag
diu	lange
dolor, -oris m.	der Schmerz; die Trauer
exercitus, -us m.	das Heer
exstruere, -o, -struxi, -structum	errichten
ferre, fero, tuli, latum	bringen, tragen; ertragen
fides, fidei f.	das Vertrauen, der Glaube; die Treue
frater, fratris m.	der Bruder
fraus, fraudis f.	der Betrug; die Täuschung
fugere, fugio, fugi, -	fliehen
gerere, gero, gessi, gestum	führen; tragen
hostis, hostis m.	der Feind
idoneus, -a, -um	geeignet
imperium, -i n.	der Befehl; die Herrschaft; das Reich
impetus, -us m.	der Angriff; der Schwung
incendere, -o, -censi, -censum	anzünden
inimicus, -i m.	der Feind
interficere, -ficio, -feci, -fectum	töten
interrogare, -o, -avi, -atum	fragen
invadere, -vado, -vasi, -vasum	eindringen, angreifen
invenire, -venio, -veni, -ventum	kommen
invitare, -o, -avi, -atum	einladen
iratus, -a, um	zornig, wütend
iter, itineris n.	der Weg; die Reise
iucundus, -a, -um	angenehm, liebenswürdig
iudex, iudicis m.	der Richter
iudicium, -i n.	das Urteil; das Gericht
lacrima, -ae f.	die Träne
liberare, -o, -avi, -atum	befreien
libertas, -tatis f.	die Freiheit
licet	es ist möglich; es ist erlaubt, (jmd.) darf
manus, -us f.	die Hand; die Schar
matrona, -ae f.	die Frau
mensis, mensis m.	der Monat
metus, -us m.	die Angst, die Furcht
mittere, -o, misi, missum	schicken
monēre, -eo, monui, monitum	erinnern; mahnen, auffordern
mors, mortis f.	der Tod
movēre, -eo, movi, motum	bewegen; beeinflussen
mutare, -o, avi, -atum	ändern
natus, -a, -um	geboren
necare, -o, -avi, -atum	töten
neglegere, -o, -lexi, -lectum	nicht (be)achten; vernachlässigen
numquam	niemals
nuntius, -i m.	der Bote; die Botschaft
odium, -i n.	der Hass

oppugnare, -o, -avi, -atum	angreifen, bestürmen
oratio, -onis f.	die Rede
os, oris n.	der Mund; das Gesicht
parēre, -eo, parui, -	gehorchen
patēre, -eo, patui, -	offen stehen
pax, pacis f.	der Frieden
perferre, -fero, -tuli, -latum	ertragen; (über)bringen
perficere, -ficio, -feci, -fectum	ausführen; vollenden
petere, -o, -petivi, petitum	bitten; angreifen; aufsuchen
placēre, -eo, -ui, -	gefallen
ponere, -o, posui, positum	setzen; stellen; legen
pons, pontis m.	die Brücke
populus, -i m.	das Volk
praeesse, -sum, -fui, -	an der Spitze stehen, leiten
primo	zuerst
princeps, -cipis m.	der Angesehenste, der führende Mann, der Herrscher
proximus, -a, -um	der nächste; der letzte
prudentia, -ae f.	die Klugheit; die Vorsicht
pugna, -ae f.	der Kampf
putare, -o, -avi, -atum	glauben, meinen; halten für
quando?	wann?
rapere, rapio, rapui, raptum	(an sich, weg)reißen; rauben
redire, redeo, redii, reditum	zurückgehen
referre, refero, rettuli, relatum	(zurück)bringen; berichten
regere, -o, rexi, rectum	(be)herrschen
relinquere, -linquo, -liqui, -lictum	zurücklassen, verlassen
res, rei f.	die Sache; das Ereignis
respicere, -spicio, -spexi, -spectum	denken an, berücksichtigen
reus, rei m.	der Angeklagte
ripa, -ae f.	das Ufer
rogare, -o, -avi, -atum	fragen; bitten
sacerdos, -dotis m./f.	der/die Priester(in)
sacrificare, -o, -avi, -atum	opfern
salus, salutis f.	die Rettung; das Wohl
sapientia, -ae f.	die Weisheit
scribere, -o, scripsi, scriptum	schreiben
senectus, -tutis f.	das Alter
sententia, -ae f.	die Meinung, die Ansicht
servare, -o, -avi, -atum	retten
servitus, -tutis f.	die Sklaverei
si	wenn; falls
solus, -a, -um	allein
sors, sortis f.	das Schicksal
spes, spei f.	die Hoffnung
statuere, statuo, statui, statutum	beschließen; aufstellen
studium, -i n.	der Eifer, die Bemühung
sustinēre, -eo, -ui, -	aushalten
tempus, temporis n.	die Zeit
timēre, -eo, -ui, -	(sich) fürchten
tradere, -o, tradidi, traditum	übergeben, überliefern
trahere, -o, traxi, tractum	ziehen
transire, -eo, -ii, -itum	hinübergehen
tutus, -a, -um	sicher, geschützt
urbs, urbis f.	die Stadt
uxor, uxoris f.	die Ehefrau
valde	sehr
vincere, -o, vici, victum	(be)siegen
vis, Akk: vim, Abl. vi f. Pl. vires, virium	die Gewalt; die Kraft; die Streitkräfte
vivere, -o, vixi, -	leben
vox, vocis f.	die Stimme

AcI	Abkürzung für „Accusativus cum Infinitivo", eine typische Konstruktion im Lateinischen.
Ablativ	5. Fall, gibt es im Deutschen nicht. Bei der Übersetzung wird eine Präposition ergänzt.
Ablativus absolutus (Abl. abs.)	eine typisch lateinische Partizip-Konstruktion: Ein Partizip und ein Nomen stehen im Ablativ. Der Abl. abs. stellt innerhalb des Satzes ein Adverbiale dar. Im Deutschen wird er mit einem Hauptsatz, einem Gliedsatz oder einer präpositionalen Wendung wiedergegeben.
Aktiv	Handlungsart beim Verb („Genus verbi"), die ausdrückt, dass ein Subjekt eine Handlung aus führt, z. B.: *Er füttert den Hund.* → Gegenteil: Passiv.
Deklination(en) (die D., deklinieren)	In einer Deklination sind Substantive zu einer Gruppe zusammengefasst, die alle die gleichen Endungen (Signalteile) verwenden. Es gibt z. B. die a-, o-, Konsonantische, e- und u- Deklination.
Demonstrativ-Pronomen	„Zeigewort"; weist auf etwas hin, z. B. *dieser, dieses Haus, jene, in jenen Zeiten, er selbst*
Futur I	eine Zeit (ein Tempus), zur Angabe von Handlungen in der Zukunft, z. B. *ich werde verreisen*
Futur II	eine Zeit (ein Tempus) zur Angabe von vollendeten Handlungen in der Zukunft, z. B. *Dann werde ich verreist sein.*
Genus (das G., Pl. die Genera)	„Geschlecht" eines Substantivs: maskulinum, femininum oder neutrum, z. B. dt.: *die Sonne* – femininum; lat.: **donum** – neutrum
Gleichzeitigkeit (Abk.: GZ)	bedeutet, dass zwei Handlungen oder Ereignisse zur gleichen Zeit stattfinden
Gliedsatz (Abk.: GS)	Nebensatz. Ein Gliedsatz ist einem Hauptsatz zugeordnet und gibt eine Information dazu an. Er wird durch eine Subjunktion eingeleitet, z. B.: temporal (**dum, cum**), kausal (**quod**), konzessiv (**quamquam**).
Imperativ	Verbform. Befehlsform, z. B. im Deutschen: Hör! Seht! im Lateinischen: **audi! videte!**
Imperfekt	eine Zeit (ein Tempus) zur Angabe von Handlungen in der Vergangenheit (z. B. *ich sah, er ging, sie hörten*)
Indikativ	Modus des Verbs; „Wirklichkeitsform".
Infinitiv	die Grundform des Verbs, z.B. Inf. Präs. Aktiv: **tacere** – schweigen, Inf. Präs. Pass.: **amari** – geliebt werden, Inf. Perf. Aktiv: **rogavisse** – gefragt haben, Inf. Perf. Pass.: **missum esse** – geschickt worden sein
Interrogativ-Pronomen	„Frage-Fürwort". Es gibt substantivische Interrogativ-Pronomen, z. B. *Wer? Wem?*, und adjektivische Interrogativ-Pronomen, z. B. *Welches Wort? In welchem Jahr?*
Irrealis	„Unwirklichkeit", „Unmöglichkeit"; drückt aus, dass eine Handlung geschehen könnte oder hätte geschehen können, dass dies aber nicht eintritt oder eingetreten ist, z. B.: *Wenn ich Zeit gehabt hätte, wäre ich zu dir gekommen. (Ich hatte keine Zeit, ich bin nicht gekommen.)*
Kasus (der K., Pl. die Kasus)	der Fall (Pl.: die Fälle): Nominativ, Genitiv, Dativ, Akkusativ, Ablativ
KNG-Kongruenz (die K., kongruieren)	„Übereinstimmung" in Kasus, Numerus und Genus, z. B. bei Adjektiven, die zu Substantiven gehören: **multi homines**.
Konditionalsatz	Bedingungssatz. Steht in einem Satzgefüge mit dem Folgesatz und gibt die „Bedingung" für diesen an. Eingeleitet mit Subjunktionen wie *wenn, falls.* z. B.: *Wenn du alles durchliest* (Konditionalsatz), *verstehst du es* (Folgesatz).
Konjugation(en) (die K., konjugieren)	In einer Konjugation sind Verben zu einer Gruppe zusammengefasst, die die verschiedenen Formen alle in derselben Weise bilden. Es gibt die a-, e- , i-, Konsonantische und Kurzvokalische i-Konjugation.
Konjunktiv	Modus des Verbs; „Möglichkeitsform". Im Deutschen gibt es Konjunktiv I (z. B. *sie rufe*) und Konjunktiv II (z. B. *sie riefe*). Im Lateinischen wird der Konjunktiv überwiegend anders als im Deutschen verwendet: In vielen Gliedsätzen, die mit **cum** (*als, weil, obwohl*) oder **ut/ne** (*dass, damit/damit nicht*) eingeleitet sind, und in indirekten Fragesätzen steht der Ko junktiv. Bei der Übersetzung richtet man sich nach dem Sprachgebrauch im Deutschen.

konjunktivische Gliedsätze	Gliedsätze, die mit Subjunktionen eingeleitet sind, die mit Konjunktiv stehen, z. B.: **cum** – *als, weil, obwohl*; **ut/ne** – *dass, damit/damit nicht*
Modus, (der M., Pl. die Modi); **Modus-Zeichen**	„Aussageweise" des Verbs. Die Modi sind Indikativ („Wirklichkeitsform", z. B. *er läuft*), Konjunktiv („Möglichkeitsform", z. B. *er laufe, er liefe*) und Imperativ („Befehlsform", z. B. *Lauf!*). Im Lateinischen sind die Konjunktive an Modus-Zeichen erkennbar.
Participium coniunctum (PC)	eine typisch lateinische Partizip-Konstruktion. Das Partizip hat ein Bezugswort im gleichen Kasus, Numerus und Genus und stellt innerhalb des Satzes eine Adverbiale dar. Im Deutschen wird diese Konstruktion mit einem Hauptsatz, einem Gliedsatz oder einer präpositionalen Wendung wiedergegeben.
Partizip	„Mittelwort". Verbform, die Eigenschaften eines Nomens hat. Es gibt im Deutschen das Partizip I, z. B. fragend, und das Partizip II, z. B. *gefragt*. Im Lateinischen entspricht das Partizip I dem Partizip Präsens Aktiv, z. B. **rogans**, das Partizip II dem Partizip Perfekt Passiv, z. B. **rogatus**.
Partizip-Konstruktion	„Satzbauelement", in dem ein Partizip eine besondere Funktion übernimmt. Es gibt die Konstruktionen Participium coniunctum und Ablativus absolutus.
Passiv	Handlungsart beim Verb („Genus verbi"). Drückt aus, dass eine Handlung (von jemandem) ausgeführt wird, z. B.: *Der Hund wird (von seinem Herrchen) gefüttert.* → Gegenteil: Aktiv.
Perfekt	eine Zeit (Tempus) zur Angabe von Handlungen der Vergangenheit, z. B. *ich bin gegangen, sie hat gelesen*
Perfektstamm	Bestandteil von Verbformen. Mit dem Perfektstamm werden die Zeiten Perfekt, Plusquamperfekt und Futur II gebildet. Den Perfektstamm eines Verbs erhält man, wenn man von der 1. Sg. Perfekt das Person-Zeichen abtrennt (z. B. **amavi: amav-** ist der Perfektstamm von **amare**; **fui: fu-** ist der Perfektstamm von **esse**).
Person, Person-Zeichen	Angabe, wer die Handlung ausführt. Im Deutschen wird die Person durch ein Personalpronomen angegeben, im Lateinischen erkennt man die Person am Person-Zeichen am Ende der Verbform (z. B. **video** – *ich sehe*). Die Person-Zeichen sind: *Aktiv:* **o/m, s, t, mus, tis, nt**; *Passiv:* **(o)r, ris, tur, mur, mini, ntur** / im Perfekt: **i, isti, it, imus, istis, erunt**
Personal-Pronomen	„Stellvertreterwort" für ein Substantiv oder Namen, z. B. *die Königin – sie; der König – **er***
Plusquamperfekt	eine Zeit (ein Tempus) der Vergangenheit (z. B. *sie war gewesen, du hattest gehört*)
Possessiv-Pronomen	„besitzanzeigende" Fürwörter, z. B. *mein, dein, euer*
Prädikatsinfinitiv	der Infinitiv beim AcI, aus dem in der Übersetzung das Prädikat im „dass"-Satz wird.
Präposition	Wortart „Verhältniswort". Steht zusammen mit einem Nomen und gibt z. B. Ort oder Zeit an (***in** der Schule, **während** des Unterrichts*). Präpositionen stehen mit einem bestimmten Kasus eines Nomens, z. B. **cum** + Ablativ.
präpositionale Wendung	die Kombination einer Präposition mit einem Substantiv, wobei das Substantiv die Wiedergabe eines Partizips einer lateinischen Partizipialkonstruktion darstellt, z. B. **Caesare interfecto** – *nach der Ermordung Caesars*
Präsensstamm	Mit dem Präsensstamm werden die Zeiten Präsens, Imperfekt und Futur I gebildet. Den Präsensstamm eines Verbs erhält man, wenn man vom Infinitiv **-re** (bei der kons. Konj. **-ere**) abtrennt (z. B. **lauda-** = Präsensstamm von **laudare**, **duc-** = Präsensstamm von **ducere**).
Präteritum	Bezeichnung in der deutschen Grammatik; entspricht dem lat. Imperfekt.
Reflexiv-Pronomen	„rückbezügliche" Fürwörter, d.h. sie beziehen sich auf das Subjekt desselben Satzes (z. B. *sie fragte **sich***).
Relativ-Pronomen, Relativsatz, Relativischer Satzanschluss	*der, die, das; welcher, welche, welches;* lat.: **qui, quae, quod**. Leitet den Relativsatz ein und hat ein Bezugswort im übergeordneten Satz. Mit diesem Bezugswort stimmt es in Numerus und Genus überein. Der Relativsatz gibt eine nähere Bestimmung zu diesem Bezugswort. Er ist als Satzglied ein Attribut (Attributsatz).

	Relativ-Pronomen verbindet zwei Hauptsätze miteinander und wird mit einem Demonstrativ-Pronomen wiedergegeben.
Satzgefüge	besteht aus wenigstens einem Hauptsatz und einem Gliedsatz.
Sprechvokal	Bei einigen Verbformen ist für eine „leichtere" Aussprache ein zusätzlicher Vokal eingefügt (z. B. ein -u- in **audi-u-nt**).
Subjektsakkusativ	der Akkusativ beim AcI, aus dem in der Übersetzung das Subjekt im „dass"-Satz wird.
Subjunktion	unterordnende Konjunktion; leitet einen Gliedsatz ein, z.B. *wenn, als, weil*
Tempus (das T., (Pl. die Tempora), Tempus-Zeichen	„Zeit". Es gibt: Präsens, Imperfekt, Futur I, Perfekt, Plusquamperfekt, Futur II. Das Tempus-Zeichen ist der Signalteil bei einer Verbform, an dem man das Tempus erkennen kann (z.B. **sedebat: ba** → Imperfekt).
Vokativ	6.Fall. „Anredefall". Entspricht außer bei Wörtern auf **-us** und **-ius** dem Nominativ.
Vorzeitigkeit (Abk.: VZ)	bedeutet, dass eine Handlung oder ein Ereignis im Verhältnis zu einer anderen Handlung schon vergangen und abgeschlossen ist.

Hier lernst du im Bereich	Verben	Substantive
erkennen	**alle Verbformen** 33 **V2** **Personen** Passiv-Personen-Zeichen **26 V1** **Tempora und Genus Verbi (Aktiv/Passiv):** Alle Tempora im Indikativ Aktiv und Passiv **26 V3** Präsens Passiv **26 V1** Imperfekt Passiv **26 V1** Futur I Passiv **26 V1** Perfekt Passiv **23 V1** ▪ **24 V3** Plusquamperfekt Passiv **24 V1** ▪ **24 V3** Futur II Passiv **24 V1** ▪ **24 V3** **Modus** alle Konjunktivformen **31 V3** Konjunktiv Präsens Aktiv **29 V1** ▪ **30 V3** Konjunktiv Präsens Passiv **30 V1** ▪ **30 V3** Konjunktiv Perfekt Aktiv **30 V2** ▪ **30 V3** Konjunktiv Perfekt Passiv **30 V2** ▪ **30 V3** Konjunktiv Imperfekt Aktiv **31 V1** Konjunktiv Imperfekt Passiv **31 V1** Konjunktiv Plusquamperfekt Aktiv **31 V2** Konjunktiv Plusquamperfekt Passiv **31 V2** **Partizip** Partizip Perfekt Passiv (PPP) **23 V2** ▪ **25 V1** ▪ **33 V4** Partizip Perfekt Aktiv (PPA) **28 V1** ▪ **33 V4** **Infinitiv** alle Infinitive **23 V5** ▪ **26 V5** ▪ **33 V3** Infinitiv Perfekt Passiv **23 V4** Infinitiv Präsens Passiv **26 V4** **unregelmäßige Verben** ferre **33 V1**	**alle Deklinationen 21 N4** ▪ **27 N4** **e-Deklination 21 N2** **u-Deklination 27 N1**
bilden	**Tempora und Genus Verbi (Aktiv/Passiv):** Präsens Passiv **26 V2** Imperfekt Passiv **26 V2** Futur I Passiv **26 V2** Perfekt Passiv **23 V3** Plusquamperfekt Passiv **24 V2** Futur II Passiv **24 V2** **Modus (Indikativ/Konjunktiv)** Konjunktiv Präsens Aktiv **29 V2** **Partizip** Partizip Präsens Aktiv (PPA) **28 V1** **Infinitive 26 V5** Präsens Passiv **26 V4**	alle Deklinationen **21 N2** ▪ **27 N2** ▪ **27 N4**
zuordnen		**alle Deklinationen 21 N3** ▪ **27 N3** **e-Deklination 21 N3** **u-Deklination 27 N3**

Hier lernst du im Bereich	Verben	Substantive
übersetzen	**Tempora und Genus Verbi (Aktiv/Passiv):** Präsens Passiv 26 V2 Imperfekt Passiv 26 V2 Futur I Passiv 26 V2 Perfekt Passiv 23 V3 Plusquamperfekt Passiv 24 V2 Futur II Passiv 24 V2 **Partizipien** 25 S2 ▪ 28 S1 ▪ 34 S1 35 S1 ▪ 35 S2 ▪ 36 S1 **Infinitive** Präsens Passiv 26 V4	**Funktionen von Kasus:** Genitiv der Beschaffenheit 21 N5 Ablativ der Beschaffenheit 21 N5 Genitivus subiectivus 23 N1 Genitivus obiectivus 23 N1 doppelter Akkusativ 26 S1 Dativ des Zwecks und Vorteils 34 N1

Hier lernst du im Bereich	Adjektive/Adverbien	Pronomen
	Adverbien erkennen 22 N3	Demonstrativ-Pronomen hic/haec/hoc erkennen und übersetzen 22 N1 Pronomina voneinander unterscheiden und zuordnen 22 N2 Demonstrativ-Pronomen ille/illa/illud erkennen und übersetzen 27 N5 qui/quae/quod als adjektivisches Interrogativ-Pronomen übersetzen 28 N1 Demonstrativ-Pronomen ipse/ipsa/ipsum erkennen und übersetzen 36 N1 Relativ-Pronomen als Relativischen Satzanschluss erkennen und übersetzen 24 S1

Hier lernst du im Bereich	Syntax	Übersetzungsmethoden
	Konjunktiv in Gliedsätzen erkennen und übersetzen: ut/ne – Sätze 29 S1 cum – Sätze 30 S1 **Zeitverhältnis** erkennen 30 S2 ▪ 31 S1 **Konditionalsätze** erkennen 32 S1 **Gliedsätze** unterscheiden und übersetzen 32 S4 **Irrealis der Gegenwart** erkennen und übersetzen 32 S2 **Irrealis der Vergangenheit** erkennen und übersetzen 32 S3 **Relativischen Satzanschluss** erkennen und übersetzen 24 S1 **Partizipialkonstruktionen** erkennen, unterscheiden und übersetzen 34 S2 ▪ 35 S3 PPP als Attribut oder Adverbiale (**Participium coniunctum** - PC) 25 S1 ▪ 25 S2 PPA als Attribut oder Adverbiale (**Participium coniunctum** - PC) 28 S1 **Ablativus absolutus** (Abl. abs.) 35 S2 ▪ 36 S1 – mit PPP 34 S1 – mit PPA 35 S1 – in nominaler Wendung 35 S4	**Strategie** anwenden – bei einzelnen Sätzen (SÜS) Ü1 ▪ Ü2 – bei Konstruktionen (KÜS) AcI Ü4 Partizipialkonstruktionen Ü3 – bei Satzgefügen (GÜS) Ü5 – bei Texten (TÜS) Ü6 ▪ Ü7